W0083528

BASTEI
LÜBBE
TASCHENBUCH

Über die Autorin:

Birgit Adam studierte Englische Literaturwissenschaft und Kommunikationswissenschaft in Augsburg und Schottland. Sie arbeitet freiberuflich als Autorin, Lektorin und Übersetzerin und hat bereits zahlreiche Sachbücher und Ratgeber veröffentlicht. Mit dem Thema Kontaktanzeigen hat sie jede Menge Erfahrung, zumindest theoretisch: als Autorin eines Ratgebers zum Online-Dating. Birgit Adam lebt in Augsburg.

Birgit Adam

SUCHE FRAU
IN ANSTÄNDIGEM ZUSTAND

DIE WITZIGSTEN KONTAKTANZEIGEN
DER WELT

BASTEI
LÜBBE
TASCHENBUCH

BASTEI LÜBBE TASCHENBUCH
Band 60746

1. Auflage: Juli 2013

Dieser Titel ist auch als E-Book erschienen.

Originalausgabe

Copyright © 2013 by Bastei Lübbe GmbH & Co. KG, Köln
Textredaktion: Judit Vári
Titelillustration: © missbehavior.de
Umschlaggestaltung: Pauline Schimmelpennick Büro für Gestaltung, Berlin
Satz: Guido Klütsch, Köln
Gesetzt aus der Geogrotesque
Druck und Verarbeitung: GGP Media GmbH, Pößneck
Printed in Germany
ISBN 978-3-404-60746-4

Sie finden uns im Internet unter:
www.luebbe.de
Bitte beachten Sie auch: www.lesejury.de

INHALTSVERZEICHNIS

Buch sucht Leser/-in   7

Kurz und knapp   17

Wer will mich? Menschen suchen ein Zuhause   33

Ausgefallene Sonderwünsche   46

Ehrlich währt am längsten   97

Auf die romantische Tour   125

Wassermann sucht Jungfrau   132

Reich und schön sucht ...   149

Stellenmarkt   155

Allerlei Geistreiches   166

Epilog: Menschen, die man unbedingt
kennenlernen möchte   186

BUCH SUCHT LESER/-IN

Blickt man bei den steinzeitlichen Höhlenmalereien von Lascaux ganz genau hin, dann sieht man sicherlich irgendwo die Zeichnung eines Mannes, der mit einem extra langen Speer besonders viele Mammute oder Hirsche erlegt und mutig einen Säbelzahntiger abwehrt. Sein Ziel: besonders viele Steinzeitfrauen zur Paarung in seine Höhle zu locken. Ungläubige behaupten auch, dass die Steintafeln, die Moses am Berg Sinai erhielt, keineswegs die zehn Gebote enthielten, sondern nur der verzweifelte Hilferuf einer einsamen Frau waren. Sie hatte die Nase voll von Lügnern und Betrügern und suchte nun mit Hilfe dieser vorchristlichen Kontaktanzeige einen Mann, der nicht falsch Zeugnis redete wider seinen Nächsten, nicht nach der Frau des Nächsten verlangte und auch nicht die Ehe brach.

VOM BRAUTRAUB ZUR KONTAKTANZEIGE

Bis 1695 die erste »richtige« Heiratsanzeige erschien, war es ein langer Weg. Lange Zeit mussten junge Männer und Frauen überhaupt nicht selbst nach der Frau oder dem Mann fürs Leben suchen. Der Vater bestimmte, wer geheiratet wurde, egal, ob das dem Nachwuchs auch recht war. Notfalls ging das auch mit Gewalt: In der germanischen Zeit und im Frühmittelalter wurde eine Braut schon einmal geraubt, wenn der Bräutigam den Brautpreis nicht zahlen wollte. Zwar musste danach noch offiziell geheiratet werden, doch dagegen wehrte sich die Familie der Braut nun nicht mehr. Das Mädchen war sowieso »befleckt« und auch für viel Geld nicht mehr an den Mann zu bringen.

Die Menschen lernen lesen und schreiben

Zwei Dinge müssen die Menschen vor allem können, wenn sie eine Heirats- oder Kontaktanzeige aufgeben wollen: lesen und schreiben, auch wenn bei manchen Fundstücken im Internet die Rechtschreibung – sagen wir einmal – sehr kreativ gehandhabt wird. Im Mittelalter und in der frühen Neuzeit konnten das nur sehr wenige Menschen. Die Lese- und Schreibkundigen lebten an den Höfen – wo machtpolitische Gründe bestimmten, wen man heiraten musste – und in Klöstern, wo überhaupt nicht geheiratet wurde.

Erst mit dem Zeitalter der Aufklärung und der Französischen Revolution lernten große Teile der Bevölkerung lesen und schreiben. Für sie gab es immer mehr Tages- oder Wochenzeitungen, und diese Zeitungen entdeckten schon bald die Annonce als Möglichkeit, zusätzlich ein bisschen Geld in die Kassen der Herausgeber zu spülen. Und so wurde bald auch die erste Heiratsanzeige – denn eine Beziehung mündete damals ja noch unweigerlich in eine Ehe – veröffentlicht. Sie erschien am 19. Juli 1695 in einer englischen Zeitschrift namens *A collection for improvement of husbandry and trade [Sammelsurium für den Fortschritt in Landwirtschaft und Handel]* und lautete:

EIN HERR von etwa 30 Jahren mit ansehnlichem Besitz sucht eine junge Dame mit einem Vermögen von ca. 3000 Pfund.

Der Herausgeber der Zeitung musste sich damals noch sehr für die Veröffentlichung dieser Anzeige verteidigen und beteuern, dass es sich dabei keineswegs um einen Scherz handle. Dabei waren arrangierte Ehen zu dieser Zeit ja keineswegs ungewöhnlich. Normalerweise verhandelten Vertreter der Familien von Braut und Bräutigam über eine Heirat – nun übernahm eben die Zeitung diese Vermittlerrolle.

Gleich und gleich gesellt sich gern

Geheiratet wurde damals übrigens noch aus völlig anderen Gründen als heute: Während heute die Liebe den Ausschlag für die Partnerwahl gibt (etwas anderes würde zumindest niemand zugeben), spielten damals der gesellschaftliche Status, das Vermögen und bei den Adelsgeschlechtern politische Gründe die Hauptrolle. Frei nach dem Motto »Gleich und Gleich gesellt sich gerne« wurde innerhalb der eigenen gesellschaftlichen Schicht geheiratet – deshalb sucht der Herr aus unserer allerersten Heiratsanzeige auch eine Dame, die ähnlich vermögend ist wie er. Kein Wunder: Das Märchen vom Aschenputtel erschien ja auch erst rund 120 Jahre später und lässt seitdem unzählige Mädchen und Frauen davon träumen, dass auch sie ihren ganz persönlichen Prinzen finden können – egal, ob in der Zeitung oder im Internet.

Liebesheirat oder arrangierte Ehe?

Dass Zuneigung die Grundlage eines gemeinsamen Lebens bilden sollte, forderte als Erster Jean-Jacques Rousseau in seinem Roman *Julie oder Die neue Heloise* von 1761. Zwar gab es schon rund 170 Jahre zuvor Romeo und Julia, doch wie diese Geschichte ausging, wissen wir ja. Trotzdem dauerte es noch lange, bis es allgemein akzeptabel wurde, sich bei der Partnerwahl von Gefühlen leiten zu lassen und nicht Vermögen, Status oder Herkunft in den Vordergrund zu stellen. Auch heute wird noch nicht in allen Ländern der Welt aus Liebe geheiratet: In den unteren Kasten Indiens, in einigen Teilen Afrikas oder im ländlichen Raum Japans spielen arrangierte Ehen immer noch eine wichtige Rolle. Doch haben die zukünftigen Eheleute hier durchaus ein Wörtchen mitzureden – es handelt sich also um keine Zwangsheiraten.

Doch zurück zu unseren Kontaktanzeigen: Ob unser hoffnungsvoller Gentleman mit seinem Gesuch Erfolg hatte, wissen wir nicht. Doch trat er eine Welle los, die den heutigen Online-Partnervermittlern und Kontaktbörsen einen Umsatz von ca. 180 Millionen Euro pro Jahr beschert. Neu war im Jahr 1695 vor allem, dass unser Inserent sein Gesuch nach einer Partnerin öffentlich machte, denn die Heiratsvermittlung war damals eine rein familiäre Angelegenheit. Und interessanterweise hindert diese Öffentlichkeit auch heute noch viele Menschen daran, im Internet auf die Suche nach einem Partner oder einer Partnerin zu gehen. »Dann sieht ja jeder, dass ich einen Mann suche ...«, heißt es dann. So dauerte es dann auch noch dreißig Jahre, bis sich endlich auch eine Frau traute, ihre Suche nach einem Partner öffentlich zu machen: Helen Morrison hieß die Dame, die 1727 im *Manchester-Weekly-Journal* einen netten Menschen suchte, mit dem sie ihr Leben teilen konnte. Die Quittung für ihr exzentrisches Verhalten bekam Miss Morrison prompt: Sie wurde in eine Nervenklinik eingewiesen.

Ab dem Anfang des 19. Jahrhunderts erschienen dann in beinahe allen europäischen Zeitungen Heiratsanzeigen. Schon damals tat sich eine Bevölkerungsgruppe übrigens besonders schwer, eine Partnerin zu finden: die Bauern. In den Tagen vor »Bauer sucht Frau« blieb ihnen hier zunächst einmal nur die Heiratsanzeige.

> Jedes Mädel, das eine Kuh hat, ein gutes Federbett, 500 Dollar in Zinn, die die Masern gehabt hat und weiß, wie man mit Kindern umgeht, kann hier einen lebenslangen Kunden finden, wenn sie eine kurze Nachricht an Z. Q. schreibt und sie in eine Ritze von Onkel Ebenezers Scheune hinter dem Hühnerstall steckt.

Aus einer amerikanischen Zeitung, frühes 19. Jahrhundert

Die Mitgift ist entscheidend

Im 18. und 19. Jahrhundert spielte die Mitgift noch eine große Rolle bei der Anbahnung von Ehen. Vermögen, ob Geld oder Immobilien, war damals eine Sache der Männer und wurde auch nur an die männlichen Erben weitergegeben. Doch um männliche Erben zu produzieren, brauchte ein vermögender Mann zunächst einmal eine Frau – und die sollte ihn finanziell möglichst wenig belasten, denn das Vermögen sollte schließlich nicht geschmälert werden. Allerdings hatte eine bürgerliche Frau im 18. und 19. Jahrhundert durchaus ihre Ansprüche: Kleider, Schmuck, Bälle – das alles war auch vor 200 Jahren nicht gerade billig. Deshalb bekamen nicht nur adelige, sondern auch bürgerliche Bräute von ihrem Vater eine Mitgift, die ihnen auch weiterhin ein standesgemäßes Leben ermöglichen sollte. Zwischen 50.000 und 200.000 Reichsmark konnte diese Mitgift im 19. Jahrhundert betragen – nach heutigen Maßstäben sind dies Beträge von mehreren Millionen Euro. Kein Wunder also, dass unser Herr aus unserer allererersten Heiratsanzeige auf seine 3000 Pfund bestand. Ohne Geld keine Liebe, so war das eben damals. Und nicht jeder Mann, der eine Tochter mit reicher Mitgift heiratete, war überhaupt auf der Suche nach einer Frau. Immer wieder gab es Mitgiftjäger, die es lediglich auf das Vermögen einer Frau abgesehen hatten, um ihre Schulden zu bezahlen oder das Geld beim Glücksspiel oder mit Prostituierten zu verjubeln.

> **Die Eltern einer jungen Frau**, 21 Jahre alt, hübsch, gebildet und im Besitz von 4300 Franken pro Jahr, doch leider am Veitstanz leidend, bieten sie einem Arzt zwischen 40 und 45 Jahren, der sich aufopfernd um sie kümmert, als Ehefrau an.

Manchester Guardian, England, 30. Januar 1856

DIE FRAUEN HOLEN AUF

In der Zeit nach dem Ersten Weltkrieg waren es die Frauen, die in Zeitungen nach einem Ehemann suchten. Zu viele Männer waren im Krieg gefallen, und nicht jede Frau konnte darauf hoffen, in ihrem Bekanntenkreis einen Versorger zu finden. Oft wurde auf diese Weise auch ein Nachfolger für den Verstorbenen gesucht, denn eine Frau, die vielleicht auch schon Kinder hatte, brauchte einen Ernährer oder einen Nachfolger für den familieneigenen Betrieb. Ähnlich sah es nach dem Zweiten Weltkrieg aus, als ebenfalls ein Frauenüberschuss bestand.

Blumenmädchen und Unternehmersohn

Ab Anfang der 1970er-Jahre wurden die Heiratsanzeigen dann von den Kontakt- oder Bekanntschaftsanzeigen abgelöst. Die wilden 68er hatten es möglich gemacht, dass man auch ohne Trauschein zusammenleben konnte, und das wirkte sich auch auf den Charakter der Anzeigen aus.

Explizit nach einer Heirat suchten nur noch Inserate von Heiratsvermittlern. Hier waren vermögende Unternehmer und heiratswillige Mädchen auf der Suche nach dem Mann oder der Frau fürs Leben. Doch diese Personen existierten häufig gar nicht wirklich: Ihre Bilder stammten von Modelagenturen, die Texte zu ihren

Anzeigen entsprangen der Feder von Schreiberlingen, die vermutlich auch Ghostwriter von Rosamunde Pilcher hätten sein können.

Online-Dating auf dem Vormarsch

Heute hat sich die Partnersuche größtenteils ins Internet verlagert. 7 Millionen Menschen suchen hier nach dem großen Glück. Die Gründe dafür liegen auf der Hand: Die Auswahl an potenziellen Partnern und Partnerinnen geht gegen unendlich, man kann sowohl selbst suchen als auch sich finden lassen, und man hat viel ausführlichere Möglichkeiten, sich zu präsentieren. Auch die Kosten sind überschaubar. Der Monatsbeitrag zu einem Datingportal beträgt um die 30 Euro, doch dafür ist ein Profil auch rund um die Uhr zu sehen, und zwar in Füssen ebenso wie in Kiel. Eine Kontaktanzeige in der *ZEIT* oder der Wochenendausgabe der *Süddeutschen Zeitung* kostet mindestens ebenso viel, wandert jedoch nach zwei Tagen in den Papierkorb. Die Suche über das Internet ist mittlerweile salonfähig geworden. Fast jedes fünfte Paar lernt sich heute online kennen – und steht auch dazu.

Trotzdem hat die gute alte Papier-Kontaktanzeige noch lange nicht ausgedient. Sowohl in Tageszeitungen als auch in Stadtmagazinen und Zeitschriften suchen Singles und Pseudo-Singles nach dem oder der Richtigen fürs Leben oder auch nur für eine Nacht. Und wer mit einer großen Anzeige in der *Süddeutschen Zeitung* inseriert, signalisiert damit eben auch: Ich kann und will es mir leisten.

DIE SPRACHE DER KONTAKTANZEIGEN: ES LEBEN DIE ABKÜRZUNGEN

Kontaktanzeigen in Printmedien waren eine teure Angelegenheit, da ihr Preis von der Zahl der Worte abhing. Für eine Chiffre-

Nummer kamen noch zusätzliche Kosten dazu. Heute wird nach dem sogenannten Millimetertarif abgerechnet, der sich nach der Größe der Anzeige richtet, doch auch hier wirkt sich Redefluss auf den Preis aus. Deshalb findet man nach wie vor Anzeigen, die fast nur aus Abkürzungen bestehen:

> **M, 30**, su. Fr., 25-30 J. schlk., NR. BmB.

Während »NR« noch relativ leicht als »Nichtraucher« zu erkennen ist, wird es bei »BmB« schon schwieriger: »Bitte mit Bild« sollen die Zuschriften sein. Und eine Frau, die sich »kein BBB« wünscht, möchte einen Mann ohne Bauch, Bart und Brille.

Der Sex-Code

Wer heute im Internet zum Beispiel bei Stadtmagazinen wie dem Berliner *Zitty* oder auf kostenlosen Kleinanzeigenportalen wie *Quoka* oder *Markt.de* unterwegs ist, denkt häufig eins: Geht es denn nur noch um das Eine? Ganz eindeutig wird hier nach Menschen gesucht, die jeden auch noch so sexuell ausgefallenen Wunsch befriedigen. Böse Zungen könnten nun behaupten, im Grunde genommen gehe es bei jeder Kontaktanzeige nur um Sex, doch die wenigsten Menschen trauen sich, das auch offen zuzugeben. Und schreiben deshalb lieber von Schmetterlingen im Bauch, Sonnenuntergängen und langen Strandspaziergängen.

Dass das Intimleben in die Öffentlichkeit gezerrt wird, haben wir jedoch nicht etwa Bärbel Schäfers, Arabella Kiesbauers oder Hans Meisers medialen Hinterlassenschaften zu verdanken. Vielmehr suchen die Menschen schon per Inserat nach Sex, seit es Kontaktanzeigen gibt. Da man über Sex damals nicht offen sprechen konnte, entwickelten die Inserenten einen Code, der überall verstanden wurde und teilweise heute noch gültig ist.

In der Rubrik »Unterricht« inserierte dann zum Beispiel eine »strenge englische Gouvernante«, die Jungs »Zucht und Ordnung beibringt«, oder auch eine »junge Französischlehrerin«. Angebote von Prostituierten ließen sich als »Massagen« in der Rubrik »Körperpflege« finden, und jemand, der auf der Suche nach »dem Besonderen« war, meinte damit erotische Spielarten wie SM. Auch in den Stellenangeboten konnten Frauen, die auf der Suche nach einem erotischen Abenteuer waren, fündig werden. Hinter manchem Gesuch nach einer »Gesellschafterin« oder »Privatsekretärin« steckte eigentlich die Suche nach einer anderen Dienstleistung, vor allem wenn in der Stellenbeschreibung dann auch noch stand, es wäre von Vorteil, »einen großen Busen zu haben«. Selbst nach gleichgeschlechtlicher Liebe konnte gesucht werden: Wenn eine Frau eine andere »Frau für eine moderne Freundschaft« suchte, konnte man sichergehen, dass es in dieser Freundschaft um mehr als nur den Austausch von Strickmustern und Kochrezepten ging.

Heute findet man noch immer manche dieser Codes in Tageszeitungen, doch im Internet nimmt niemand mehr ein Blatt vor den Mund. Mit einem einfachen Klick bestätigt ein Nutzer, dass er über 18 ist, und stößt dann auf Anzeigen wie »Suche eine junge Frau, die sich gerne ihre Muschi lecken lässt« oder »Gut aussehender, reicher Daddy sucht hübsches junges ›Baby‹«, beide am 12.7.2012 bei *Craigslist New York* gepostet. Und oft liefern die Inserenten gleich auch noch Bilder ihrer körperlichen Vorzüge mit, damit Frau auch sieht, dass alle Körperteile voll funktionsfähig sind.

ZWISCHEN DIESEN BUCHDECKELN

Und nun kommen wir endlich zu diesem Buch: Sie halten in Ihren Händen das Beste aus 100 Jahren Einsamkeit – eine Auswahl witziger Kontaktanzeigen aus verschiedenen Print- und Online-medien. Dabei haben wir uns ausschließlich auf frei zugängliche Annoncen beschränkt. Weggelassen haben wir allerdings die Anzeigen von professionellen Partnerinstituten, denn obwohl diese oft sehr blumig formuliert sind, ist nicht immer klar, ob es den dort beschriebenen Menschen überhaupt in dieser Pracht und Fülle auch gibt. Und damit die Menschen hinter den Anzeigen von hämischen E-Mails und Anrufen verschont bleiben, haben wir natürlich Telefonnummern und E-Mail-Adressen anonymisiert. Aber Sie können es ja gerne trotzdem ausprobieren. Und nun wünschen wir Ihnen viel Spaß beim Lesen – und wer weiß: Vielleicht ist ja sogar Ihr Traummann/Ihre Traumfrau dabei?

PS: Wenn Sie wissen wollen, welche Kontaktanzeige mir am besten gefallen hat – das war diese:

> *Alleinstehende schwarze Frau* sucht männlichen Gefährten, Hautfarbe egal. Ich bin sehr hübsch und spiele gerne. Außerdem mag ich lange Waldspaziergänge, fahre gerne in deinem Pick-up mit, gehe gerne jagen und campen und mag Angelausflüge und gemütliche Winterabende am offenen Kamin. Bei einem Candlelight-Dinner fresse ich dir aus der Hand. Und wenn du aus der Arbeit nach Hause kommst, warte ich schon an der Tür auf dich. Anrufe unter (0123)456-7890. Nach Daisy fragen.

Was daran komisch ist, wollen Sie jetzt wissen? Eigentlich nichts – außer dass es sich bei Daisy um einen acht Wochen alten schwarzen Labrador-Retriever aus Atlanta handelte, der auf diesem Weg ein neues Zuhause suchte. Daisy bekam 15 000 Anrufe von Männern aus ganz Amerika – ob sie dabei auch einen Freund fürs Leben gefunden hat, ist leider unbekannt.

KURZ UND
KNAPP

Um zu sagen, was einem wichtig ist, reichen oft nur wenige Worte. Ob es sich bei den Inserenten aber wirklich um Menschen handelt, die ihre Wünsche präzise auf den Punkt bringen können, sei dahingestellt. Vielleicht sind sie auch einfach nur geizig … Am besten machen Sie sich hier selbst ein Bild.

Verloren: Zärtl. sportl. Mann, ca. 64/180 Von: gutauss. bl. Sie.

Zuerst einmal frage ich mich, ob diese Anzeige aus der *Süddeutschen Zeitung* nicht in der Rubrik »Verloren/Gefunden« besser aufgehoben wäre. Dann nehmen wir natürlich an, dass »bl.« hier für »blond« und nicht für »blöd« steht. Obwohl: Wenn die Frau hier einen gestandenen ausgewachsenen Mann verliert wie einen Lipgloss …

Auf meiner Kaffeetasse steht »Bester Liebhaber der Welt«.
Das dürfte Empfehlung genug sein. Wie sieht es mit dir aus?
Mann, 37, London, Chiffre 1234

Und auf meiner Kaffeetasse steht »London«. Bin ich deshalb die Queen?

> *Als ob die Blumen und die Bäume sängen*
> *(w-47-studiert-schlank-blond) excellentbirds@xyz.de (BmB).*

Klar, und bei Disney singen sogar die Flamingos und Krabben, aber solange sie den Ton halten können, schlagen wir vor: Stimm doch mit ein, liebes exzellentes Zwitschervögelchen aus dem Berliner Stadtmagazin *Zitty!* (Im wahren Leben sicher eine birkenstocktragende Musiktherapeutin mit dem melodiösen Namen Ute.)

> *Devote, hübsche und gebildete Geliebte* von älterem studierten Gentleman im Raum Düsseldorf gesucht.

> Zierlicher sinnlicher Damenwäscheträger von reiferem Gentleman gesucht.

> *ZIERLICHE TRANSLADY im Raum Düsseldorf gesucht.*
> *Vollste Diskretion wird zugesichert.*

Für sich genommen sind diese drei Anzeigen aus dem Portal *Gleichklang-Anzeigen* nicht urkomisch. Das werden sie aber, wenn man sich die Verfasser näher anschaut: Alle Anzeigen wurden nämlich von derselben Person aufgegeben – und dieser Herr scheint nicht genau zu wissen, was er eigentlich will: eine Geliebte oder doch lieber einen Damenwäscheträger? Ach, dann machen wir einfach einen Kompromiss: Nehmen wir eine Translady!

> Ich suche eine dicke geile Frau ab
> Ende 30.

Es ist immer schön, wenn Männer genau wissen, was sie wollen – wie dieser *Quoka*-Inserent.

> **Filigranes**, weibliches Einzelstück sucht rostfreie, männliche Sonderanfertigung, 1950–1960er-Jahre-Modell bevorzugt.

Planwirtschaft und Zielerfüllung wie in dieser Anzeige aus der *ZEIT* – da fühlt man sich in die DDR zurückversetzt. Aber hoffentlich muss die Inserentin auf ihre männliche Sonderanfertigung nicht genauso lange warten wie auf einen Trabi.

> ***Frau sucht ehrlichen, schlanken Herrn***, sehr vermögend, Sex nicht notwendig. Zuschr. unter ZS1234567.

Auf diese Anzeige aus der *Süddeutschen Zeitung* werden die reichen Herren in Scharen antworten. Endlich mal eine Frau, die nicht nur Sex will. Wo das doch so anstrengend ist ...

> **KLAUS** (54 J., 193 cm, 115 kg) sucht Freundin. Ich bin Beamter im Ruhestand, Jeans- und T-Shirt-Typ, kein Auto vorhanden. Haus in Aussicht.

So ist's gut. Dieser Herr bringt bei *Quoka* alle seine Vor- und Nachteile auf den Punkt. Und das in nur drei Zeilen. Respekt!

> **HABE VIAGRA.** Brauche Frau. Irgendeine Frau zwischen 18 und 80. PO Box 1234, Boise, ID 83701

Das ist schon klar: Da hat der arme Mann aus Idaho – einem US-Bundesstaat, der vor allem für Kartoffeln berühmt ist – beim Internet-Händler seines Vertrauens eine Packung Viagra gekauft. Dass auf den Pillen vielleicht chinesische Schriftzeichen stehen und sie auch lose in einem Briefumschlag lagen, stört unseren Kartoffel-Romeo erst einmal nicht. Er will sein »blaues Wunder« erleben – und dafür ist ihm jede recht.

> **Junger Einsamer** *(35 Jahre) sucht junge vollbusige Einsame (ab 18 J.) zum Einsamen. Tel. 0123/456789 abends.*

Äh, ja, versaut und witzig – das reicht wahrscheinlich gerade noch für die Bildzeitung oder eine Karriere als Pop-Literat ...

> Devoter Mann sucht dominante Frau, die viele verschiedene Knoten kennt.

Wenn man sich beim Sex fesseln lassen will, ist wohl nichts frustrierender als eine Frau, die nur eine lockere Schleife binden kann.

> **BIETE FÜSSE**
> Ich, m, 39 J., biete dem Mann aus Lübeck meine Füße. Meld Dich, einfach und los geht's!

Zu dieser Anzeige muss es eine Vorgeschichte geben, doch die ist uns leider nicht bekannt. Wer ist der Mann aus Lübeck? Und was will er mit den Füßen? Schuhe maßanfertigen? Als Buchstützen benutzen? Was haben Sie denn gedacht?

> **Suche zuverlässige, faule Freundin.** *Bin witzig, eher klug und gut aussehend, gerne kunst- und naturnah, 186 groß, schlank, 44. Näheres persönlich. Melde dich doch mal! weiss@xyz.de*

Die Kombination von zuverlässig und faul ist irgendwie süß. Der *Zitty*-Inserent sucht eine Frau, die nichts macht – aber darauf sollte man sich wenigstens verlassen können.

> **Welche** Professionelle ab 40 Jahre möchte aussteigen und nach Nordhessen zu einem Witwer ziehen? Zuschr. mit Bild und Telefonangabe unter Chiffre 12345.

Also, dieser Witwer ist ein echter Gutmensch! Möchte einer Prostituierten beim Ausstieg helfen. Und bietet ihr dafür dann gleich einen ehrbaren Job als Altenpflegerin an!

> HUMORLOSER IRANIANER 50+ 170 NR sucht Frau bis 40 J., die seine schwarzen Haare blitzartig in weiß verwandelt. (0123) 45678910.

Kleiner Tipp: Ein Friseur kann hier bestimmt weiterhelfen! Und was bitte ist ein Iranianer? Ein Iraner? Oder ein Außerirdischer vom Planenten Irania? Entschuldigung, das war jetzt ein Witz, wir hoffen, das verkraften die humorlosen Aliens auf Irania.

> **Sex ist total überbewertet.** Lass uns die Proportionen wieder geraderücken. Für die Zeit zwischen den Spielen. W, 34, 165, 65. BmB an: nichtssonst2012@xyz.de

Richtig: Man kann nicht immer nur Fußball gucken, auch wenn Europameisterschaft ist – das weiß auch diese *Zitty*-Leserin.

> **Attraktive Frau mit Löwenhund sucht Landherrn mit Buddha (40+). Zuschriften unter ZS1234567**

Mit Buddha? Einer Buddha-Figur? Seinem persönlichen Buddha? Oder ist das ein beschönigender Ausdruck für einen Mann mit Bierbauch? Diese Fragen bleiben in der *Süddeutschen Zeitung* unbeantwortet.

> **Energie**, w., su. Kraftwerk, m., bis 75, m. Bildung/humor. Zuschr. u. ZS1234567

Ich hoffe, diese Leserin der *Süddeutschen Zeitung* weiß auch, was bei der Energiewende mit ihr passiert.

> SUPERBOY sucht Clark Kent. Komm, flieg mit mir.

Wie süß! Aber wer kümmert sich nun um die arme Lois Lane? Ach ja, da gibt es ja noch Wonder Woman ...

> Indianer-Hippies – Blumenkinder, wo seid ihr? Naturfreak – 52 – 175 – schlank sucht Freundin in M – FS – DAH. ZS 1234567

Was diese Indianer-Hippies wohl in ihrer Friedenspfeife rauchen? Und wie wollen sie sich ernsthaft auf den Kriegspfad begeben, wenn es in ihnen schreit: »Make love, not war«? Darauf weiß die *Süddeutsche Zeitung* leider keine Antwort.

> *Vordringliches Interesse* an schönem männlichem Geschlechtsteil? Gib's einfach zu, bitte. M, 46, steht bereit. Für Frauen ab 50 J. teil24@xyz.de.

Genau, habt euch doch nicht so, ihr reifen Frauen. Ihr wollt doch auch immer nur das eine – und dieser *Zitty*-Leser weiß das auch genau!

> Meine Traumfrau ist ein Mann. Tut mir leid, Mama.

Ob der gute Mann weiß, was er mit einer solchen Anzeige anrichten kann? Lesen Sie weiter ...

> Die Romantik ist tot. Meine Mutter auch. Mann (42), reicher Erbe.

Ob es sich hier tatsächlich um den gleichen Inserenten wie bei der Anzeige darüber handelt, konnte nicht ermittelt werden.

> **Freiberufler**, 60/185, mit großem Haus + wenig Renten-anspruch, su. finanz. gesich. solv. Dame. BmB ZS1234567

Damit solche Anzeigen in Zukunft nicht mehr in der *Süddeut-schen Zeitung* stehen müssen, will die Bundesregierung jetzt eine Rentenversicherungspflicht für Selbstständige einführen.

> **Als ich 30 war**, mussten meine Partner jung, schlank, groß, gut aussehend, reich und intelligent sein. Jetzt bin ich 64, und sie müssen nur noch lesen und telefonieren können.

Also, da ist ja mal jemand auf dem Boden der Tatsachen an-gekommen. Ansprüche sind etwas für die optimistische Jugend, im Alter schätzt man die Kernqualitäten. Telefonieren und Lesen.

> **Bin 47 J. alt**, habe Whg., Gart. Su. Partn. gleich welchen Alters, da ich Führersch. nicht benutz. kann. DL12345

Hat der Inserent hier nicht etwas vergessen? Sollte die Dame nicht vielleicht ein Auto oder zumindest einen Führerschein ha-ben? Oder ist der Mann leidenschaftlicher Autofahrer und sucht sich nun einen Zeitvertreib für die führerscheinlosen Wochen?

> **Witwer, 64 J.**, sehr vital, alleinstehend, möchte Ende Oktober bei sexinteressierter Frau gegen gute Bezah-lung Urlaub machen. Zuschr. erbeten unter (1234/56)

Das nennt man zwei Fliegen mit einer Klappe schlagen: Urlaub und Sex, und nur einmal dafür bezahlen. Gibt's sonst nur beim Cluburlaub auf Malle mit TUI.

> **Sie sucht einen Mann ab 21 Jahre**
> Ich suche einen **Mann ab** 21 Jahre zum g-v. Bin **geil** auf einen Mann, gerne mit XXL-Teil. Nur besuchbar oder im Auto am See oder im Kino.

Auch Frauen haben Wünsche, wie hier auf *Quoka*. Aber gleich in der Öffentlichkeit?

> **DAS** eine, nur mit **DER** einen ;-)
> Suche die Eine auch für alles andere :-) m, 30, 190, 17.

Einer für alle, alle für einen ...

> **EINEN MANN HABE ICH SCHON**
> Nun wünsche ich mir einen passenden Hausfreund, der mich nicht vereinnahmen will, sondern als Ergänzung mit meinem Mann klarkommt.

Ob dein Ehemann wohl auch meint, dass dein persönlicher Hausfreund auch ein Freund des Hauses ist, liebe *Quoka*-Inserentin?

> PATRIARCH einer aufstrebenden Religion sucht Ministrantin.

Als ob das Image der Kirche durch die vielen Missbrauchsfälle nicht schon geschädigt genug wäre ... Ach, da steht ja aufstrebend, dann kann ja nicht die katholische Kirche gemeint sein.

Bestimmt eine neue Naturreligion mit Freikörperkult und Menschenopfern.

> **Suche moderne türkische Frau**, zw. ca. 25–40 J., um das Leben zu teilen. Kind kein Hindernis. **Ich bin eine sehr angenehme Person.** Zuschr. m. Bild u. ZS1234567.

Schön, dass auch angenehme Personen in der *Süddeutschen Zeitung* nach Partnerinnen suchen! Zu den unangenehmen Personen lesen Sie bitte auch Kapitel 10 dieses Buches oder ...

> **Humorvoller kokainabhängiger**, angehender Fäkalkünstler mit Rubensfigur, 39 Jahre, sucht nette Freundin. Tel. 0123/456789

... ganz einfach diese Anzeige aus *Zitty*. Aber Hauptsache, die Freundin ist nett!

> ***Freue*** mich über jeden Brief, den ich (m/20/Single) in meinem Briefkasten finde. Ein Versuch lohnt sich.

Arbeitsbeschaffungsmaßnahme für den von der Arbeitslosigkeit bedrohten Postboten – diese Deutsche Post und ihre Personalpolitik! Aber warum nur ein Versuch, lieber *Zillo*-Leser??

> *Orgasmologe*, sehr erfahren und sehr gut bestückt, befriedigt Frauen mit Garantie! Auch per Telefon 0123/456789

Oho, mit einem Garantieversprechen wäre ich mal lieber vorsichtig! Nicht dass eine Frau diese Garantie dann am Ende noch einklagt! Dann wird das Gericht vielleicht genau beleuchten, an welcher Universität dieser *Zitty*-Leser seine Qualifikation zum Orgasmologen erworben hat.

> **911-Fahrerin von attr. Ihn gesucht**. ZS1234567.

Diese Anzeige aus der *Süddeutschen Zeitung* sollte eigentlich heißen: »Mann sucht kostenlosen Porsche 911.« Aber dann dachte sich der Inserent: »Darauf antwortet doch niemand. Ach ja, ich hab's: Ich versuch's mal mit einer Kontaktanzeige. Darauf fahren die Porschefahrerinnen doch voll ab. Und wenn ich dann auch noch behaupte, dass ich attraktiv bin, stehen sie Schlange.«

> **Wünsche mir Ferrari-Fahrer als Ehemann**.
> Zuschriften unter ZS12345678.

Frauen sind auch nicht besser, wie diese Anzeige aus der *Süddeutschen Zeitung* beweist.

> **Cremst du mir den Rücken ein?** Ich flick dir auch den Fahrradschlauch. Und lese dir was von Sibylle Berg vor ... oder so. jetzt_oder_nie@xyz.de

Liebe ist eine Sache von Geben und Nehmen – das hat auch dieser *Zitty*-Leser erkannt.

> ... wer will mich nicht nur anfassen – wer will mich haben ... Täuschung eingeschlossen.

Was will uns diese *Zillo*-Leserin mit dieser Anzeige sagen? Dass sie den anderen täuscht? Dass sich der andere täuscht und dann vielleicht feststellt, dass er die Inserentin doch nur anfassen möchte? Oder dass sich die Inserentin getäuscht hat und dummes Geschwafel mit Tiefgründigkeit verwechselt?

> KURZ UND KNACKIG
> Mann (43/178) sucht Frau. Ganz einfach. Ohne Schnörkel.

Genau, lieber *Quoka*-Inserent.

> **Ich (60 J.) suche einen Mann**, der denkt (mit dem Kopf).

Böse Zungen würden jetzt sagen: Können Männer etwa auch mit dem Kopf denken?

> <u>Houston</u> — Ich habe ein Problem!!! Ich (M 41) düse immer noch allein durchs Universum. Andockversuche erwünscht.

Diese Anzeige erschien nicht nur in der deutschen bzw. irdischen Version von *Quoka*, sondern auch noch auf der Venus (denn bekanntlich sind Frauen ja von dort).

> **Biete Auto mit ...**
> ... freiem Beifahrersitz, ultrabequemer Rücksitzbank und langjähriger unfallfreier »Fahrt« – Suche spontane, gelenkige Beifahrerin. (Gurtpflicht!)

Mich würde ja schon interessieren, wie viele Zuschriften der Marke »Ich kaufen jede Auto« unser *Quoka*-Inserent hier bekommen hat. Und warum muss die Beifahrerin gelenkig sein? Ist die Türe kaputt, und sie muss über den Kofferraum einsteigen?

> <u>Potenz</u> Oje!
> Hab ich recht? Kein Problem für mich, ich helfe dir!

Du hast kein Geld? Oje – dann kann ich dir leider nicht helfen, denn für meine Dienste muss bezahlt werden.

> **Potsdamer NEPTUN, 38**, 190 cm lang, NR, sucht eine
> intelligente langhaarige NIXE. Nur mit Foto: 0123/456789.

Nachdem die Götter vom Olympus vertrieben wurden, sind sie anscheinend im beschaulichen Potsdam gelandet. Na so was! Dürfen wir für das erste Date des Potsdamer'schen Poseidons und der *Zitty*-Leserin die Havel oder den Templiner See vorschlagen?

> **Junge, hübsche Frau, liebt Ausfahrten zur hohen See u.**
> **möchte gerne einen zärtl. u. fürsorgl. Mann kennenlernen,**
> **der seine eigene Yacht hat. Zuschr. u. ZS11234567**

Ganz klare Prioritäten hat diese Leserin der *Süddeutschen Zeitung*.

> **Mann mit Boot** zum Paddeln und Verlieben von Frau 50
> gesucht. castorin@xyz.de.

Etwas bescheidener gibt sich diese *Zitty*-Leserin, die nur einen paddelnden Partner sucht. Aber bei ihrem Alter reicht eventuell auch schon ein knallrotes Gummiboot, mit dem man hinausfahren kann.

> **Berührung** statt Fußball wünscht sich hübscher, schlanker m, 40,
> 180, mit ebensolcher f, gern spontan: beruehrung@xyz.de, bmb.

Wieso denn entweder- oder? Das verstehen wir nicht! Den Fußball kann man doch auch berühren!

> **49-jähriger Suppentopf** sucht passenden Deckel bis 53 zum
> gemeinsamen Kochen und vieles mehr. herzblattsuche@xyz.de

Ach, die »Topf-sucht-Deckel«-Anzeigen! Zu finden in jeder Zeitung, auf jeder Internetseite, wahrscheinlich seit der Steinzeit.

Aber wenigstens soll hier der Topf mal seiner ursprünglichen Aufgabe dienen!

> GRAF VON HABENICHTS
> Suche Gräfin Auch von Habenichts Sollte Ältere Frau
> sein Aber Noch Interesse haben Erodische Ader Haben
> Frage Ja MFG Graf von Habe nicht.

Erodische Ader? Ist das eine ansteckende Krankheit, bei der die Ader mit zunehmendem Puls und den Blutströmen, die durch sie fließen, erodiert? Wahrscheinlich hat aber einfach nur dieser Graf von Habenichts, der da auf *Quoka* inseriert, vor allem eins nicht: Kenntnisse in Rechtschreibung und Grammatik.

> **Stecker, 36**, 180, 72, schlk., bl., bärtig, st. geb.,
> s. Dose oder Buchse zum Verbinden am Tage.
> Angebote viell. m. Bild an Postf. 123456.

Dann pass mal auf, dass du keinen Stromschlag kriegst!

> **Suche junge MELKERIN**
> Welche Sie holt alles aus mir raus! **Platze gleich!** ;-)

Komischerweise stand diese Anzeige bei *Quoka* unter »Er sucht sie«. Diese Kuh müsste doch eigentlich in der *Deutschen Milchwirtschaft* inserieren.

> **Suche:** Bin weder groß noch klein, weder dick noch dünn,
> weder jung noch alt, weder reich noch arm, weder schön
> noch hässlich. Zu normal? Trau Dich! trau.dich.nur@xyz.de

Ich hoffe, dieser *Zitty*-Inserent ist nicht weder männlich noch weiblich. Sonst könnte es zu Missverständnissen kommen.

> **Ex-Anarcho** sucht **Noch-Aristokratin** mit Vorliebe für
> Kinder, Berge, Seide, Bauerngarten, SM, Brotbacken
> und weibliche Dominanz.

SM im Bauerngarten – so eine Kombination findet man nur in der Kontaktbörse von www.naturkost.de. Auf der Homepage finden sich Menschen, für die dann auch das Essen des steinharten Bio-Schwarzbrotes eine willkommene Qual ist.

> **Suche nette Sie** Raum Aplerbeck Umgebung (Erbpachtstr. auch) mit schönen dicken Titten. Meld mich zurück …

Warum in die Ferne schweifen? Eine Frau mit schönen dicken Titten möglichst in der eigenen Straße ist doch auch nicht schlecht, wie dieser *Quoka*-Inserent weiß.

> **Du** willst keine Beziehung, aber ein Kind. Ich will keine Beziehung, aber Kinder zeugen und die neun Monate erleben. **Passt das?**

Klar passt's, wenn du danach auch brav Unterhalt für dein Kind zahlst, lieber *Zitty*-Leser.

> **Reifer Satyr sucht nettes Nympfchen für eine liebevolle Beziehung.** AS123456

Lieber Satyr aus der *Süddeutschen Zeitung*: Wer Fremdwörter benutzt, sollte sie auch schreiben können. Wie soll dich dein Nymphchen sonst finden?

> **Eine Nacht mit mir ist wie eine Nacht in der Playboy-Villa.**

Bei dieser Anzeige aus dem *London Review of Books* kann man nicht sicher sein, ob sie ein Versprechen oder eine Drohung ist. Halbiert sich der IQ einer Frau, die auf diese Anzeige antwortet, automatisch um die Hälfte? Werden ihre Haare auf einmal platinblond? Und was ist, wenn der Verfasser nun tatsächlich wie Hugh Hefner aussieht?

> Ich gehe mit meiner Laterne und meine Laterne mit mir. Dort oben leuchten die Sterne, hier unten leuchte ich (w/22/Kiel). Wer leuchtet mit?

Diese *Zillo*-Leserin ist wirklich eine Leuchte!

> ***Edler Wilder*** erregt sanft und sinnlich Amazonenherz, Hexenlust und Freidenkerins Begeisterung.

Eine klare Zielgruppe für diesen *Zitty*-Leser.

> **Kreativer Fels sucht emotionale Sprengladung**!
> Initialzündung an fels1970@xyz.de Zuschriften unter ZS1234567.

Kleine Jungs mögen es einfach, wenn's kracht ... Aber diese Explosion an Kreativität erfordert schon einen ganzen Mann – oder eben Felsen ...

> **Dichter, 51**, sucht Verdichterin seines Seins.

Ein echter Poet kann auch Wortspiele.

> **ICH SUCHE EINE GRIFFIGE FRAU**
> Mann 49 Jahre sucht eine Frau die griffig ist und nicht gut aussieht wie eine Tussi aber eine reale Wucht ist. Alles Weitere sehen wir dann.

Als Erstes sollte dieser *Quoka*-Inserent mal ein paar Kommas (oder heißen die Kommata?) suchen. An diesen kleinen Griffen der Satzzeichen kann man sich auch festhalten. Und dann hoffen wir, dass ihm seine griffige Frau auch wirklich nicht aus der Hand rutscht.

Sie fragen sich, warum diese Anzeige aus der *Süddeutschen Zeitung* im Kapitel »Kurz und knackig« steht? Na, weil diese Frau gerne kurz und knackig sein will! Der Preis für die Kontaktanzeige mit den meisten Abkürzungen ist ihr jedenfalls sicher! Wirkl. Inh. nicht vermutb.

WER WILL MICH?
MENSCHEN SUCHEN
EIN ZUHAUSE

Diese Kontaktanzeigen drücken auf die Tränendrüse: Will sich denn niemand erbarmen und den armen Inserenten ein bisschen Liebe geben?

Geht es Ihnen genauso wie mir?
Lesen Sie, wie ich, schon seit vielen Jahren immer wieder die Anzeigen unter der Rubrik »Heiraten und Bekanntschaften«, doch irgendwie wollten oder konnten Sie sich nicht dazu bekennen, entschließen bzw. sich nicht überwinden, auf eine der Anzeigen zu antworten, geschweige denn eine solche aufzugeben? Doch heute nach vielen Jahren des Alleinseins will ich nicht mehr darauf warten, dass wir uns rein zufällig begegnen und kennenlernen. Vielmehr rechne ich mit Ihrer Spontaneität, indem Sie auf dieses Inserat reagieren bzw. antworten. Denn, ja, Sie können nicht nur behaupten, dass Sie zwischen 60 und 68 Jahre alt sind und wie ich kulturelle Ereignisse, stilvolles Essen, Reisen und Bewegung in der Natur mögen. Auch sind Sie weltgewandt, humorvoll und ebenfalls finanziell unabhängig. Zuhause bin ich südlich von München, zeitweise auch in Florida. Auf Ihre Antwort freut sich eine im Herzen junggebliebene Witwe (in den 60ern), mehrsprachig, weltoffen, mit angenehmem Äußeren (174 cm), Charme, Verstand und Humor. Zuschriften unter 1234567.

Ja, ja, viele Menschen schämen sich, eine Kontaktanzeige aufzugeben. Schließlich geben sie damit ja zu, dass sie zu den Losern gehören, die auf »normalem« Weg keinen Partner oder keine Partnerin finden. Dabei hat dieses arme Hascherl ja gar nichts, wofür sie sich schämen müsste, auch nicht für eine Anzeige in der *Süddeutschen Zeitung*, schließlich hat sie ein angenehmes Äußeres und einen Zweitwohnsitz in Florida.

> **Ich habe mich von Männern scheiden lassen**, die besser waren als du. Und teurere Schuhe getragen als diese. Glaub also nicht, dass diese Anzeige mein tiefster Fall ist. **Empfindsame Frau (34).**

Darüber freut sich jeder Mann: wenn er erst einmal schlecht gemacht wird.

> Das Salz meiner Tränen vermischt sich mit dem Wasser des Ozeans. Der Schrei, der auf meinen Lippen liegt, ertrinkt im lauten Rauschen der Wellen. Wer hilft mir aus der unendlichen Tiefe der Einsamkeit?

Bitte habe doch jemand Erbarmen mit diesem *Zillo*-Leser oder dieser *Zillo*-Leserin, sonst verwechselt sie schon bald das Meeresrauschen mit dem Knattern der U-Bahn und wirft sich vor den Zug!

> **Verbitterter, erfolgloser Loser** im mittleren Alter, der sich in einem Meer untätiger, fauler Einsamkeit badet, sucht eine 24-jährige Klette, die sich langweiligen Geschichten, müdem Sex und Herb-Alpert-Platten hingibt. Baby, mit dir habe ich das große Los gezogen!

Ob Baby alias Klette mit diesem Inserenten ebenfalls das große Los gezogen hat?

> **HILFE, ICH WERDE AM 6. NOVEMBER 20!** Eine unsichtbare Kraft entzieht mir langsam, aber unerbittlich die Jugend. Wer kann mir helfen? Gregor

Ach, Gregor, weißt du denn nicht, dass 20 das neue 10 ist? Du steckst noch nicht mal in der Pubertät!

> **Ich bin vermutlich der Letzte**, neben dem du bei einer Party stehen willst, auf die du sowieso nur einem Freund zuliebe mitgegangen bist, der mit der Mitbewohnerin des Typen, dessen Geburtstag es ist, ins Bett will. Hallo. Kennst du Boards of Canada? Die sind echt gut. Ich brenne dir eine CD. Chiffre 1234.

Na, wenigstens kann ich dann immer noch die CD hören, wenn es mir mit dir langweilig ist!

> **Ich weine – und niemand sieht es. Ich schreie – und niemand hört es. Ich leide – und niemand fühlt es. Ich sterbe – und jeder ignoriert es.** Vor Einsamkeit gequälte Seele, zu oft enttäuscht, zu oft verlassen, sehnt sich danach, den Grausamkeiten des irdischen Seins zu entfliehen. Wer (m/ Bild?) vermag mich (w/22) aus der Ausweglosigkeit zu erlösen?

Sucht hier jemand seinen Mörder, der ihn von den Grausamkeiten des irdischen Daseins erlöst? Mord auf Bestellung per Annonce sozusagen ...

> **An alle alleine und einsame Frauen, bin auch alleine und einsam.** Bin Jürgen, 35 J., aus Hanau. Bin alleine und einsam. Suche eine Frau fürs Leben. Ob eine deutsche Frau oder eine Ausländerin – das ist mir egal. Suche eine Frau zum Kennenlernen, und wenn alles passt, kann es auch mehr werden. Ob die Frau eine Ausländerin ist oder eine Rubens-Frau ist oder eine Thaifrau ist – das ist mir egal. Ich liebe jede Frau.

Kurz zusammengefasst, lieber Jürgen aus *Quoka*: Du bist alleine und einsam. Du brauchst eine Frau, auch alleine und einsam. Alles andere ist egal. Haben wir dich richtig verstanden?

> **NORMALERWEISE** leihe ich mir bei den ersten Verabredungen Angewohnheiten, Phrasen und Anekdoten von interessanteren Menschen, außerdem Konzepte und Ideen aus unbekannten, doch sehr gewitzten Büchern. Dadurch wirke ich attraktiver und sympathischer, als ich eigentlich bin. Bei dir werde ich jedoch von Anfang ein streitlustiger alter Knacker sein. Weil ich dich mag und von Anfang an ehrlich zu dir sein will.

Manchmal ist es doch besser, wenn Menschen unehrlich sind und sich verstellen! Aber nein, dieser Inserent aus dem *London Review of Books* will ja unbedingt ehrlich sein!

> **Wo ist die schwarze Prinzessin,** die mich aus meiner Einsamkeit rettet? Will nach großer Enttäuschung einen Neuanfang wagen. Ich, m., 23 J., schlank, suche verständnisvolles Mädchen zwischen 18–25 Jahren mit Sinn für Mystik, Erotik und Romantik im Raum Südniedersachsen. Höre Project Pitchfork, Deine Lakaien, Aurora, Cain Principle etc.

Sind Prinzessinnen nicht eher rosa gekleidet? In *Zillo* vermutlich eher nicht!

> Ich suche nicht mehr (Partnersuche), weil es bringt eh nichts. Suchte schon seit 3 Jahren einen Partner. Auf meine letzte Anzeige (überall sehe ich glückliche Paare …) haben sich nur 2 gemeldet, aber über 150 Aufrufe, das finde ich sehr krass. Wenn die Männer meinen, sie wollen keine feste Beziehung mehr eingehen, dann bitte! = nicht mein Problem. Wenn ihr meint, dass das Leben nicht schöner ist mit einem Partner … da bin ich anderer Meinung! Habe mich bei einer Partnervermittlung angemeldet, kostet wohl, aber ist es wert! Hier im Internet suchen … lange und erfolglos. Nein danke, darauf habe ich keine Lust mehr!!!

Aber das musste diese Inserentin bei *Quoka* jetzt noch loswerden. Und irgendwie werde ich den Verdacht nicht los, dass es doch ein Problem für sie ist, wenn Männer keine feste Beziehung mehr eingehen wollen.

Seid ihr Frauen alle Blond und ...?

Ich 46 habe kein Haus mit Garten, auch keine Sportwagen oder ein Cabrio. Habe 2 Kinder die ich Finanziell unterstützen muss. Gehe für mein Geld Arbeiten, verbringe meine Freizeit gerne draußen oder zu Hause. Auch mit meinen Kindern. Gehe mit Dir wenn es denn sein muß auch MAL in der Disco AUCH MAL! Wenn ich mir, die Anzeigen hier so durch LESE, dann wird mir schlecht! Ihr sucht einen MANN der weiß was er will, wenn IHR eine Antwort bekommt dann wollt IHR jemanden der euch den A ... küsst. Das hat nicht wirklich etwas damit ZU TUN das er wissen sollte was er will, mehr damit das er nach EURER PFEIFE TANZEN SOLL. Wenn ich euer Attraktiv hier LESE OH GOTT liegt ja im Auge des BETRACHTERS, aber zu FEIGE nen Foto bei der Anzeige zu MACHEN. NA ES WIRD JETZT BÖSE ANTWORTEN HAGELN, SORRY MIR EIGENTLICH EGAL. Ich behaupte von mir ein DURCHSCHNITT Typ zu sein. Zwar ist EINBILDUNG auch eine BILDUNG aber nicht meine. NIVEAU ist nichts zu ESSEN auch nicht PEINLICH gehört einfach zu LEBEN dazu und man sollte einem Menschen freundlich gegenüber Treten, auch wenn man ihn nicht kennt.

Das mit den deutschen Sätzen MÜSSEN wir noch einmal ÜBEN. Und das mit der positiven Lebenseinstellung auch. Offensichtlich sind nicht nur die weiblichen *Quoka*-Inserenten frustriert, auch die Männer haben es nicht leicht.

Manisch depressiver, hässlicher, verzweifelter Jurastudent (27), der gerne Bach hört, sucht Sie zum Durchbrechen der sozialen Isolation.

Ja, Frauen haben bekanntlich ein Helfersyndrom, aber vielleicht wäre ein Therapeut für diesen *ZEIT*-Leser doch die bessere Lösung?

> **Gibt es auf dieser Welt noch ehrliche Frauen?**
> – Mann, 25, Danbury/CT
> … Ich habe gerade eine zweieinhalbjährige Beziehung
> hinter mir und fand gerade erst heraus, dass sie mich
> schon ewig betrogen hatte. Ich habe alles für diese Frau
> getan, nur um dann mit Füßen getreten zu werden, als
> sie mich nicht mehr brauchte. Und was habe ich nun da-
> von? Ich bin allein und weiß nicht mehr, ob es auf dieser
> Welt überhaupt noch gute und ehrliche Menschen gibt.
> Ich suche eine Frau, die mir meinen Glauben an die
> Menschheit zurückgibt, die offen und ehrlich ist …
> Was gibt es über mich zu erzählen? Ich bin ein ganz nor-
> maler Typ, dem aber Moral und Ethik wichtig sind. Ich
> würde gerne eine Frau kennenlernen, die mir ähnlich ist:
> aufrichtig, liebevoll und seelisch stabil. Ich gehe nicht in
> Kneipen oder Clubs und den Gedanken, jemanden abzu-
> schleppen, finde ich widerlich. Ich bin eher schüchtern,
> öffne mich aber, wenn ich mich mit jemandem wohlfühle.
> Mein schlimmster Charakterzug ist, dass ich oft zu ehrlich
> bin. Das Aussehen ist mir nicht wichtig. Ich würde zwar
> gerne eine Frau kennenlernen, die in einem anständigen
> Zustand ist, aber das ist keine Voraussetzung.

Eine Frau in einem anständigen Zustand – das ist nicht leicht zu
finden. Die Verflossene dieses Inserenten bei *Craigslist* scheint
ja eher unanständig gewesen zu sein …

> **Grufti Punk Boy** 36 hübsch + langh. aus: Nord
> Niedersachsen, solo sucht: Feste treue liebe Freundin
> 18/19 – max 37. Dein Äußeres + Figur völlig egal,
> haupts.: Du willst mich, wie ich bin, ohne dass ich
> mich verbiegen od. ändern muss. Nur innere Wer-
> te zählen. Dein Aussehen echt egal. Sehr gern auch
> ernsthaft: Mollig, Dick! Du musst es ehrl. meinen. Sehr
> gern: arbeitslos = besser wie spießig. Du musst nur
> wie ich solo + lieb carakt. sein. Wünsche mir mit dir
> feste Bez. Echte treue Liebe, geilen Sex + Erotik. Je-
> derz. Babe. Ruf an: 0123/045678 = Zottel, du darfst
> sehr gern gratis bei mir wohnen und zu mir ziehen. Nur
> ehrl. + real mit Nr. Angabe.

Obdachlose, aufgepasst! Dieser *Zillo*-Leser bietet euch ein Dach über dem Kopf! Und arbeiten müsst ihr auch nicht. Nur ein bisschen geiler Sex zwischendurch.

Ich will nur endlich ehrlich geliebt, verlobt und verheiratet werden. Ernsthaft ab sofort. Du weiblich 18 – max. 37J., Dein Äußeres ist völlig egal – bis sehr gern: xxl / xxxl od. xl Rubenmasse + sehr lieben Charakter sowie ich, Ändi, 36 + jünger aussehender Goth.-Punk, sehr langhaar., attr., korrekt, kämpfer – Rebell. 36/189/90, br. Augen, langes, gepfl. Haar, bei echt. Interr. Ruf an: Tel: 0123/4567890. Nur ehrl. Absichten, s. dich feste Freundin Raum: OL, HB, H, Emden, HH, OL und Umgeb., Friesland + Umgebung bis bundesweit. Ich gehe nur nach inneren Werten. Niemals nach sozialem Stand. Niemals! Meld Dich auch mit Beh. / Schwerbeh. Kein Hindernis, bin immer mitfühlend + hilfsbereit, starker Beschützer. Gern auch Ausländerin! Meld Dich auch aus: unglückl. Ehe/Bez., aus Psychiatrie, betreutes Wohnen, Frauenknast, Therapie od. sonstige Einricht. od wenn Du ab 18J. von dein Eltern od. Ex weg willst od. obdachlos bist, kostfrei bei mir wohn ab sof. zu mir ziehn, wenn du absof. meine Frau sein willst. Tel: 0123/456789 Ratte.

Und auf die Anzeige von Zottel folgte die Anzeige von Ratte, Zottels eineiigem Zwillingsbruder, der auch gern in *Zillo* inseriert. Und man sieht: Nagetiere können auch nützlich sein: Diese kleine liebeshungrige Ratte bietet nicht nur allen weiblichen Obdachlosen wie sein Bruder, sondern auch allen weiblichen Behinderten, Ausreißerinnen (von Zuhause, Knast und Ex) und weiteren Seelen in Not eine Unterkunft. Die einzige Gegenleistung: eine Ratte heiraten.

WARUM WILL MICH NIEMAND? Mann, 28, Williamsburg
Meine lieben Damen,
hier ist eure Gelegenheit, einem Mann Gift ins Gesicht zu spucken. Nämlich mir.
Warum, als Leite

spucken. Nämlich mir.

Warum, glaubt ihr, verdiene ich es, allein zu sein?

Warum, glaubt ihr, verdiene ich es, wie der letzte Dreck behandelt zu werden?

Bin ich hässlich? Wenn ja: Warum bin ich hässlich?

Hier ein paar Infos über mich: Hallo, mein Name ist Louie Bee. Ich bin ein kuscheliger, 28-jähriger puertoricanischer Teddybär aus Williamsburg/Brooklyn. Ich bin Single, habe einen Job und einen Uniabschluss. Ich möchte gerne Komiker werden, denn ich erzähle gerne Witze. Es ist mein Traum, mich vor Leute hinzustellen und sie zum Lachen zu bringen.

Ich habe meine eigene Internet-Radiosendung, namens »Crotch Shot Radio Show« ...

Ich glaube an die göttliche Weiblichkeit. Das heißt: Da wir von Gott nach seinem Bild geschaffen wurden, ... hast auch du ein Stück Gott in dir, und das muss respektiert werden. Also, meine Damen, greift mich an, und seid dabei so gemein und bösartig, wie ihr wollt. Aber seid ehrlich ...

Lieber Louie, du forderst es ja geradezu heraus ... Vielleicht haben die Frauen ja etwas gegen dich, weil deine Internet-Radio-Sendung »Crotch Shot« [Genital-Foto] heißt?

Ich bin erfunden. Meine Maske wirst du nicht abreißen können. Doch kann ich wunderschöne Briefe verfassen. Ich bin der Clown, der seine Schminke nie abnimmt, ich bin die Krähe und der Stamm, ich bin des Baumes hölzerne Frucht, ich bin bittere Ironie, bitter wie Schlangengift und süß wie ein Reiter des Zwiespaltes.

Wer will schon einen erfundenen Mann? Oder eine erfundene Frau? Vielleicht ein *Zillo*-Leser? Oder eine *Zillo*-Leserin?

Rette mich! Oh, wo kann er nur sein! – F, 53, Staten Island
Ich stelle mich erst einmal selbst vor. Ich bin ein bisschen altmodisch, bin gerne drinnen und draußen, koche gerne lateinamerikanisch, Soul Food, italienisch ... Ich mag auch lateinamerikanische Musik und Jazz ... Was ich bei einem Mann suche ist: Vertrauen/Respekt/Ehrlichkeit. Ich stehe nicht auf Spielchen – wenn

> ... Was ich bei einem Mann suche ist: Vertrauen/Respekt/Ehrlichkeit. Ich stehe nicht auf Spielchen – wenn du das machst, dann geh in den Vergnügungspark. Ich bin alleinerziehende Mutter mit drei Kindern. Ich arbeite gerne und bin auch sehr unabhängig. ... Die Leute sind heute so naiv und gehen nur nach dem Aussehen oder ihrem eigenen Vergnügen. Was ist mit der Liebe, Respekt, füreinander da sein? Ich hoffe, dass ich eines Tages diesen Mann finde, denn er wird der glücklichste Mann der Welt sein, weil ich ihm so viel Liebe geben kann. Ich bete, dass Gott eines Tages meine Gebete erhört und mir eines Tages erlaubt, diese tiefe Liebe, die ich in mir habe, mit dem Mann zu teilen, der den Schlüssel zu meinem Herzen trägt.

Immerhin hat diese einsame Frau erkannt, dass Gebete manchmal nicht zum Ziel führen, und deshalb lieber noch eine Anzeige bei *Craigslist* geschaltet. Was eine ähnliche Erfolgsquote haben dürfte ...

> Scheiße, alles dreht sich nur im Kreis. Keine Ahnung, wie alles weitergeht. Komme mit den Leuten hier, die alle nicht nachdenkend, nichtssagend sind, nicht klar, will es auch nicht. Angst vor der isolierten Zukunft. Vegetiere zwischen Punk und Depressivität. Mit noch verbliebener Kraft strecke ich meine Hand aus diesem Sumpf. Welches weibliche Wesen zieht mich da raus, gibt mir wieder Kraft und Halt. Bin 23 und undefinierbar. Chemnitz/Umgebung. Fünf vor zwölf, aber vielleicht geht meine Uhr doch vor.

Der Mann, der aus dem Sumpf kam, als undefinierbare Masse, wahrscheinlich sollte er da auch lieber versinken, in den Untiefen der Bekanntschaftsanzeigen bei *Zillo!*

> **Mein Goldfisch und ich führen ein bescheidenes Leben in West Hollywood**
> Am Samstagabend habe ich überlegt, ob ich nun alleine in eine Kneipe gehen oder lieber meinen Goldfisch füttern soll-

eine Kneipe gehen oder lieber meinen Goldfisch futtern sollte. Ich habe den Goldfisch gefüttert. Nachdem ich ein paar
lecker aussehende Flocken in die Schüssel geworfen hatte,
wurde mir klar, dass ich mir eine Freundin oder vielleicht auch
nur einen neuen Freund ... oder sogar ein Tier suchen muss.
Die meisten meiner Freunde sind verheiratet und brauchen
lange, um eine Einverständniserklärung zum Weggehen zu
bekommen. Wenn ich dann doch einmal alleine weggehe,
rede ich meistens mit niemandem, da alle mit Freunden unterwegs sind ... Ich kann nicht einmal allein ins Kino gehen,
weil es das Popcorn nur in riesigen Eimern gibt und ich das
nicht alles aufessen kann. Wer braucht schon Popcorn in
einem Mülleimer? Ich arbeite (was auch immer das heißt),
bin groß, süß oder gut aussehend, sportlich, intelligent ...

Goldfische brauchen auch Liebe!

ES BRAUCHT SCHON EIN BISSCHEN MEHR als ein paar falsche
Antworten, damit ich mich aufrege. Ihr Frauen habt es bei Craigslist
sicher auch nicht leicht. Ihr bekommt bestimmt Antworten von einem
Haufen Verrückter und jede Menge Fotos von Penissen (gar nicht
gut). Aber irgendwann in dieser Woche habe ich gedacht: Ich probier
das jetzt einfach mal ... Aber ich bin mir nicht mehr so sicher. Ich
glaube, diese (angeblichen) Frauen bei Craigslist wollen nur, dass
man sich bei irgendeiner Website anmeldet. Die schicken einfach
so Nacktfotos (nicht sehr glaubwürdig), da muss man doch wissen,
dass das keine echten Frauen sind. Also habe ich beschlossen, meine eigene Anzeige zu veröffentlichen, vielleicht antwortet mir ja eine
echte Frau. Ich bin ein ziemlich gut aussehender hispanischer Mann.
Habe mein Leben im Griff. Gebildet, Karriere usw. Mag gerne Kultur
und alles, was New York zu bieten hat ... Bin ein guter Kumpel, habe
tollen Humor, Ausstrahlung ... usw. Ich bin absolut echt, liebe Damen, ich bin dieses eine Prozent in diesem ganzen Craigslist-Mist.
Ich versuche das jetzt noch ein paar Mal, dann melde ich mich ab...

Auf der Suche nach der Richtigen können einem auch ganz viele
falsche Frauen begegnen, die einem ungefragt Nacktfotos zu-
schicken. *Craigslist*-Nutzer scheinen eine ziemlich hohe Frust-
toleranzgrenze zu haben.

> **Ich würd gern zum Lichterfest gehen**, aber ich trau mich nicht alleine, da ich beim großen Feuerwerk Angst bekomme u niemanden zum Festhalten/Knuddeln habe ;(Welche mutige Sie beschützt mich (m30) u hält mich fest, wenn das Feuerwerk losgeht ;) ?... aber nicht ganz zu fest, ... bin kitzelig *fg ... BmB

Oje, 30 Jahre alt und so ein Angsthase! Ob seine Frau diesen *Quoka*-Leser dann auch jeden Tag in die Arbeit bringen muss, damit er sich auf dem Weg nicht fürchtet, so ganz allein in der U-Bahn oder im Bus? Und was macht er, wenn er tatsächlich einmal einem Schurken gegenübersteht? Sich weinend hinter seiner Frau verstecken?

> Nicht zu verachten ist die Schönheit des Körpers. Doch sie ist dem Gesetz des Blühens und Verwelkens unterworfen. Baue auf sie und du wirst tief fallen. Bediene dich deines Verstandes und beglücke mich mit Postesflut.

Endlich mal jemand, der auf die inneren Werte zählt! Hoffen wir nur, dass die Postesflut diesen *Zillo*-Leser nicht hinweggespült hat!

> **Du hast Angst vor der Zukunft, keiner will dich, keiner mag dich einstellen ...** Habe wenigstens etwas Mut, denn ohne geht es net ... Du bist net die Sklavin deines Lebens, und auch wenn's schwerfällt, steh zu dir ... und du kannst die Meine werden!!! Bei mir erhältst du die entsprechende Ausbildung! Voraussetzungen: Du bist offen fürs Leben, du bist für die Ausbildung hingebungsvoll und willig! – Sicher fragst du dich jetzt, kann ich dies – JEDER kann es, egal ob 18 oder 66, du musst nur wollen! Ohne weiter dir Angst vor dem Leben zu machen, nimm es einfach selber in die Hand, und lass dich von mir ausbilden, lern deine Möglichkeiten kennen, aber auch deine Grenzen! Melde Dich!!!

Hm, ein krisensicherer Job: Sklavin dieses *Quoka*-Inserenten. Ich hoffe, man erwirbt dabei auch Rentenansprüche!

> ***Ich suche einen Dauermieter für mein Herz***
> Warum habe ich immer nur Pech? Ich versuche jetzt mal übers Internet nach einer großen Enttäuschung einen netten Partner zu finden. Ich bin Raphaela, 25 Jahre, bin sehr aufgeschlossen und lebenslustig. Möchte nun auch mal Glück haben. Und vielleicht bist du es ja, auf den ich gewartet habe.

Liebe Raphaela: Wenn du keine Enttäuschungen mehr erleben willst, solltest du lieber nicht bei *Quoka* nach einem Partner suchen.

> SCHÜCHTERNES MÄNNL. WESEN (20) möchte seiner Einsamkeit endlich ein Ende machen und sucht auf diesem Wege ein nettes Mädchen, das wie ich Natur, Spaziergänge, alte Kirchen und Burgen, Friedhöfe, Kerzen und vieles mehr mag. Musik: Ich höre eigentlich alles, von Das Ich bis Paradise Lost. Es wäre super, wenn du aus dem Raum Mecklenburg-Vorpommern kommst, es ist aber keine Bedingung.

Kirchen, Burgen und Friedhöfe: Kein Wunder, dass dieser schüchterne Junge aus *Zillo* einsam ist. (Lebendige) Menschen lernt man bekanntlich woanders kennen.

> Letzte Woche habe ich meinen ***40. Geburtstag*** gefeiert und habe den Tag damit verbracht, meine Sammlung von Futterröhren für Vögel zu katalogisieren. Nächstes Jahr hoffe ich auf Geschlechtsverkehr. Und auf einen Kuchen. Lass dich auf meine Mailingliste setzen, dann bekommst du auch eine Einladung. Chiffre 1234. Mann

Das ist doch mal eine Steigerung: Von Vögeln zu vögeln in nur einem Jahr! Herzlichen Glückwunsch, lieber Leser des *London Review of Books*!

> *Ich versteck mich,* sit in meinem Loch und wart auf die
> Träume, die mich retten … Kommen nicht. Wie die Asche,
> die an meinen Fingernägeln zerfällt, brennt sich der Schmerz
> in meine Seele. Ich will keine Maschine sein, Arme zu grei-
> fen, Beine zu gehen – kein Schmerz, kein Gedanke. Ich (w/16)
> suche jemanden, der meine Wunde (= Gehirn) heilen kann.
> Mag: Einstürzende Neubauten u. Nick Cave, heißt aber nicht,
> dass du das auch mögen musst, um mir zu schreiben! Bitte schreib
> mir, großer Unbekannter (ich weiß, dass es dich gibt!), u. rette
> mich vor dieser grausigen Nacht, die mein Herz umklammert!
> Ich (aus Österreich) suche dich.

Ach herrje, wenn das Gehirn schon eine Wunde ist, verwundert
es nicht weiter, dass nichts Besseres herauskommt! Die arme
Zillo-Leserin!

> **Gibt es …**
> nur noch Deppen, die nicht wissen, was sie wollen,
> Falten haben, älter aussehen und Ansprüche stellen, sich
> Dipl.-Ing. nennen, mit schlechtem Charakter, Mann, der
> mit Dummheit glänzt und noch mitteilt, die nur an das
> Eine denken usw. usw. Schlimm, was es gibt. Normale,
> die zum Wort stehen, sind scheinbar ausgestorben.

Ja, ja, die Suche nach einem Partner bei *Quoka* kann bisweilen
ganz schön frustrierend sein. Und das muss man sich einfach
ab und zu von der Seele schreiben. Kostet ja nichts.

AUSGEFALLENE
SONDERWÜNSCHE

Von Gummistiefeln über zu viel Haarwuchs bis hin zu üppigen Formen: Ausgefallene Sonderwünsche sollte man lieber gleich in der Kontaktanzeige erwähnen – nicht dass es später zu Missverständnissen kommt.

> **Witwer, 84 Jahre,** wohnhaft Bad Orb, solide, kein Opatyp, sucht Brief- und Gesprächsfreundin bis ca. 68 Jahre, kein Omatyp, bei gutem Verstehen kann sie später zu ihm ziehen und nach seinem Ableben alles übernehmen, auch kann Miete bis zu 10 Jahren für sie bezahlt werden. SPD-Wählerin, Gläubige nicht erwünscht, CDU ja.

Es ist schon gut, wenn man politisch auf einer Wellenlänge liegt. Vor allem wenn dann auch noch die Miete zehn Jahre lang bezahlt wird. Da macht frau doch gerne das Kreuz an der richtigen Stelle des Wahlzettels.

> **WELCHER** wirklich tol., nicht kleinbürgerlich denkende Mann, ca. 1,77 groß, möchte mit mir, 50/1,63, geschieden, »Zwillinge«-Geb., Nichtraucherin, eine Freundschaft vers.? Alter nicht entscheidend. Schürzenjäger, Sexbesessene u. Sparsamkeitsfanatiker unerw.

Hier hat wohl schon jemand schlechte Erfahrungen mit einem untreuen, dauergeilen Geizkragen gemacht.

> **Gut aussehender Dark-Waver** (m, 28, bisexuell) mit Faible
> für enge schwarze Lack- und Latexkleidung sucht ähnlich ge-
> artete Wesen, um Neuland zu betreten und Grenzen zu über-
> schreiten (Rituale, Lust, Schmerz, SM ...) Sonst interessiere ich
> mich noch für Religion, Musik, Fotografie, fahre Motorrad und
> gehe gern aus. Bitte traut euch und schreibt mit Bild an XYZ.

Ob enges schwarzes Latex auf dem Motorrad genauso gut
schützt wie Leder? Wir hoffen es für diesen *Zillo*-Leser.

> **Arzt, 51,** sucht Studentin/junge Frau für erotische
> Kultur mit viel Flötenspiel und Blaskonzert und
> Humor. TG. 0123/456789

Ob dieser Arzt, der hier im Berliner Stadtmagazin *Zitty* inseriert, zufällig auch Musiktherapeut ist? Er hätte übrigens nicht
ganz so sparsam sein sollen, denn die Abkürzung »TG« ist hier
missverständlich. Zum einen steht sie für »Taschengeld« – in
Kontaktanzeigen ein Hinweis, dass der Inserent kein Problem
damit hat, für Sex zu bezahlen (und mal ehrlich: Ein Arzt sollte
sich dies ja auch leisten können!). Zum anderen steht sie aber
auch für »Transgender«: eine Abweichung von der zugewiese-
nen Geschlechterrolle (und hier sollte ein Arzt wissen, welchem
Geschlecht er zumindest biologisch angehört).

> **ICH, 58/182/98,** suche eigentlich einen jungen, schlan-
> ken Boy, mit dem man reden und Unternehmungen ma-
> chen kann: Urlaub, ausgehen und alles, was Spaß macht.
> Mir geht es hier nicht darum, sich nur die reine sexuelle
> Befriedigung zu holen. Mein Herz ist auf der Suche nach
> Zweisamkeit, welche in Verbindung mit schamlosem ge-
> meinsamem Herumsauen natürlich optimal wäre. Wenn
> wir uns sympathisch wären, geht alles im gegenseitigen
> Einverständnis. Ich bin nicht gerne allein, schreibe mir
> mal: alli@xyz.de

Zweisamkeit in Verbindung mit schamlosem gemeinsamem Herumsauen – wer wünscht sich das nicht? Ich hoffe, der Inserent bei *Gleichklang-Anzeigen* findet, was er sucht.

> **Eilig: Kaffee to go? No ... ein MANN in der richtigen Verpackung** Einen MANN, der nicht nur die Tastatur beherrscht und seine Unterschrift korrekt leistet, sondern der auch handwerklich begabt ist, der auch beim herrlichen Frühstück nicht empört über arrogantes Verhalten seines Chefs spricht oder Politik – sondern vielleicht über einen kl. Süßen Spatz, der gerade in unsere Näher auf der Wiese hüpft. Der auch noch die verrückte Dinge mit mir erleben möchte, der sich über die klitzekleine Aufmerksamkeiten freuen kann, gerne lacht und leidenschaftlich küssen nicht verlernt hat. Heutzutage ist es Seltenheit geworden (Selten – der Anteil an einer Grundgesamtmenge weniger als 1% beträgt). Und genau DAS suche ich: Einen großen Mann mit Silberhaar, der körperlich und geistig ein Teenager geblieben ist. Lass uns den 2. Frühling mit voller Power ausleben.

Einen Mann, der die Tastatur beherrscht, wünscht sich diese Inserentin bei *Quoka*. Das ist immerhin schon mehr, als sie kann – die Fehler wurden hier nämlich 1:1 wiedergegeben. Aber sie nimmt's da nicht so genau, im Gegensatz zur genauen Definition des Wortes »selten« und den vorgeschriebenen hollywoodharmonischen Dialogen am Frühstückstisch. Hoffentlich hat das Skript des Partners nicht zu viele Tippfehler, und der Schmalz ist lesbar.

> **Er, 34, Examen und Job**, 188 cm, sehr schlank, zärtlich und liebebedürftig, sucht junge Sie, anschmiegsam, häuslich, aber doch mit Faible für aufreizende, viel Haut zeigende Kleidung beim Ausgehen (super Shorts, Netzshirt, nackte Beine, auch bei kaltem Wetter) usw. Bildzuschrift an 12345.

Eine triefende Schnupfennase und ein bellender Husten sind ja auch besonders erotisch und sexy!

> **LANDPOMERANZE** vom feinsten Angoraadel (49) mit sinnlichen, zierlichen Konturen und fröhlichen Strukturen wünscht sich den »perfekten« Mann und allertollste Gummistiefel! Ja, bitte genau in der Reihenfolge! Landluft@xyz.com

Und da sag noch mal einer, Frauen hätten nur Schuhe im Kopf! Bei dieser Inserentin in *Tip Berlin* kommen die Schuhe immerhin erst an zweiter Stelle.

> **Ciao!** Ich bin eine feinfühlige italienische Mann (35/184/78) und suche die Frau fürs Leben. Du bist mollig und findest dich nicht hübsch? Dann lies bitte die anderen Anzeigen in dieser Rubrik. Alle anderen melden sich bitte unter Chiffre 1234567

Mille grazie, Signore - oder eine Mann ist dann wohl eher eine Signorita!

> **Welche »Sie«,** 18–80, hat Mut, den echten wilden Waldgeist zu suchen, ihm in den tiefen, finsteren Wald zu folgen, sich ihm auf Gnade oder Ungnade auszuliefern?

Ich kenne Frauen, die von Feuerwehrmännern oder Cowboys träumen. Aber vom echten wilden Waldgeist? Es gibt nichts, was es nicht gibt.

> **Ich (m, 25)** bin noch auf der Suche nach der einen oder anderen Frau, die mit mir eine liebevolle Affäre bzw. erotische Freundschaft aufbauen möchte. Du solltest etwa zwischen 18 und 33 Jahre alt sein, nicht ausschließlich auf Sex aus sein und einen guten Humor besitzen. Wohnort egal. Des Weiteren wäre es von Vorteil, wenn du Nichtraucher wärst, dich selten betrinkst, gerne und viel redest, ein toleranter Mensch bist und liebevollen, zärtlichen Sex magst. Romantik sollte dir also kein Fremdwort sein. Ich

ein toleranter Mensch bist und liebevoller, zärtlicher ~~~ magst. Romantik sollte dir also kein Fremdwort sein. Ich würd mich sehr über ernst gemeinte (und gerne ausführliche) E-Mail-Zuschriften freuen: Tethysmeer@xyz.de. Wäre schön, wenn du ein Bild von dir mit beifügst. Ist aber kein Muss. Politisch Extreme jeglicher Art (und Sympathisanten ebensolcher »Menschen«) können sich die Mail sparen!

Politisch Extreme sind unerwünscht – dann hat Angie Merkel wohl keine Chance!

ER SUCHT SIE. Ich wünsche mir Ohrfeigen von einer Frau, gerne sehr kräftig ausgeführt. Schlägst du gerne oder möchtest es ausprobieren oder dich mal abreagieren? Dann bist du bei mir richtig. Bitte melde dich, ich bin sehr nett. Wir werden ganz bestimmt gemeinsam viel Spaß haben. Einzige Bedingung: kurze Fingernägel.

Vielleicht sollte ich den Knaben mal kontaktieren? Auch als Buchautorin hat man immer mal wieder Kunden, die einen in den Wahnsinn treiben. Und bevor dann wieder der Computer kaputtgeht ... Aber eventuell sind meine Fingernägel zu lang.

Hallo Gothics und Taucher/-innen! Ich (m, Mitte 30, PADI AOWD) bin auf der Suche nach Buddies, die mir die schönen Seen und mystischen Orte bei sich zeigen. Ich wohne in der Nähe von Frankfurt/M., habe 60 TG, alle in D, bin für kaltes wie warmes Wasser gerüstet und reise gerne. Ich freue mich auf viele Ausflüge in Hessen, in Deutschland, in Europa ... Chiffre 5/6

Eine tolle Kombination, wie sie hier in *Zillo* gesucht wird: Immerhin sind Taucheranzüge schwarz, das passt dann schon mal zu den Gothics. Aber was passiert mit Frisur und Make-up unter Wasser? Wie wasserfest kann ein Eyeliner schon sein?

Die Leute halten mich für ein bisschen seltsam. Deshalb würde ich gerne einen ebenfalls ein bisschen seltsamen Mann kennenlernen – Frau, 50, Manhattan
Offensichtlich fühlen sich manche Menschen eingeschüchtert, wenn man ehrlich ist. Ich wünsche mir einen aggressiven Mann mit gutem Herz. Du bist Single und gleich alt wie ich oder ein bisschen älter.

Was ist ein aggressiver Mann mit gutem Herz? Ist er nur denen gegenüber aggressiv, die es auch verdient haben?

Für amüsantes Zeitvertrödeln (natürlich ganz viel Rödeln, aber auch ein bisschen Blödeln) such' ich 'ne hübsche, kleine Frau mit schönen Knödeln. Bin weder oll noch Proll. Stattdessen sehr groß, gut aussehend, charmant … voll-toll@xyz.de

Mein Vorschlag für den Literatur-Nobelpreis: dieser voll tolle *Zitty*-Leser.

Suche Frauen! Die mit mir Strip-Poker spielen möchten, ich will freiwillig verlieren. Tel. 012345678 oder E-Mail an poker@xyz.com.

Ach Mann, immer diese abgekarteten Spiele. Macht doch keinen Spaß, lieber *Zitty*-Leser!

Bitte nur Nichtraucher, Alkoholiker sind in Ordnung :) Nur ein Witz! Ich: kluger, witziger, weit gereister weißer Mann, suche genau dasselbe, vom Geschlecht mal abgesehen :) Wenn es funktioniert, ist es toll, wenn nicht, hat dir immerhin jemand einen Drink spendiert :0) 1,82 m, Mann, weiß, Single, 39. Du: witzig, nett.

Das ist doch mal eine konkrete Angabe: Wir kriegen politisch unkorrekt gleich zweimal die Hautfarbe des Suchenden mitgeliefert. Die einzigen politisch korrekten, aber etwas weit gestreuten Kriterien an die Liebste: Nichtraucher, witzig, nett. Ist ja nur ungefähr die Hälfte aller Frauen.

Aber was macht unser Inserent aus der *Süddeutschen Zeitung*, wenn sich nur Damen melden, deren Arm amputiert wurde? Na ja, den Behindertenparkplatz könnte er dann trotzdem noch mitnutzen.

Hier kann man nur sagen: »O Herr, schmeiß Hirn vom Himmel!« Aber immerhin scheint dieser Zombie noch genug Finger zu haben, um eine Anzeige bei *Craigslist* aufzugeben.

> **Fantasievoller, offener Mann, 49**, liebe Kunst & Natur & einige Menschen. All diese jedoch in ihrer eigentlichen, ihrer reinen, ursprünglichen, wilden, nicht domestizierten Form. Suche eine Frau, der es ebenso geht. dasvorletzteeinhorn@xyz.de

Dann hoffen wir mal, dass das vorletzte Einhorn in *Zitty* das letzte freilebende, nicht domestizierte Einhorn findet. Vielleicht gibt es dann ja noch ein paar mehr Einhörner? Ob die wohl dann als Haustiere taugen?

> SUCHE FRAU ZUM POPPEN. *Schlanker Typ, 37, 10 Jahre jünger aussehend* (echt), mit Notstand, sucht eine angenehme und appetitliche Frau ab 18, um sich öfters mal gegenseitig das Hirn rauszuficken oder eventuell auch mal ein paar Gin Tonics zu sich zu nehmen. Bei Interesse bitte melden, ich beiß auch nicht (außer du stehst drauf …). Bis bald, mamamiamamamiamamami-aletmego@xyz.com.

Und hier haben wir neue Nahrung für die Zombies aus der Anzeige oben: das rausgefickte Hirn dieses *Zitty*-Lesers, dessen Lieblingslied offensichtlich »Bohemian Rhapsody« von Queen ist, wie seine E-Mail-Adresse nahelegt.

> **Dicke Kuh sucht strammen Ochsen** … Ach, ich meinte (letzten) Bullen :) zum Frühlingserwachen – Exemplare mit Humor (ab 50) bevorzugt! Bitte melden unter: 0123/456789 SMS oder Mail: petra-liane@xyz.de.

Gut, dass sich die Dame noch schnell verbessert hat, denn mit dem Ochsen wäre es schwerlich zu einer Besteigung gekommen, der hat »da« nämlich nix mehr. Wir hoffen dennoch für die liebe Petra Liane, dass sich nicht »Der Bulle von Tölz« auf ihre Anzeige im *Tip Berlin* meldet.

> **Sehr süßer, gut bestückter weißer Mann sucht hübsches Mädchen für einen Kaffee – M, 33, Long Island**
> Ich bin ein weißer Mann und sehe sehr gut aus. Ich bin groß, gut in Form und rieche gut. Ich habe blaue Augen und bin sehr gut bestückt. 35 cm und ein prächtiger Umfang (bitte antworte gar nicht erst, wenn diese Größe ein Problem für dich ist). Tut mir leid, wenn ich so direkt bin, aber es ist nicht leicht, eine Frau zu finden, der das gefällt und die es genießt ... Wenn das für dich kein Problem ist, dann schreibe mir bitte. Du musst klug und witzig sein. Dann verabreden wir uns, unterhalten uns und trinken erst einmal einen Kaffee zusammen ...
> Ach ja, Bilder habe ich auch.

Und warum muss dieser Inserent bei *Craigslist* auf die außergewöhnliche Größe seines besten Stückes hinweisen, wenn er nur Kaffee trinken will? Will er damit umrühren?

> **Ich suche eine Miezekatze** für mein Wochenendhaus: M., 1,88-92 kk – 46 J. Verwöhnmeile 20 cm, maybe more + joggen + kochen wäre schön, keine frustrierte Schnapsdrossel oder umsonst Kaffee, Frühstück oder Weißweintrinker, wenn Sex, nur safe. 0123/456789. Danke.

Eine Verwöhnmeile, die nur 20 Zentimeter lang ist? Habe ich im Mathe-Unterricht nicht richtig aufgepasst? Ich habe bei einer Meile nämlich 1,6 Kilometer im Kopf! Dann bräuchte die arme Miezekatze aber schon was Härteres als nur einen Weißwein – und zwar umsonst!

Diese Inserentin bei *Craigslist* kennt die kleinen semantischen Unterschiede: Ein »Geek« ist ein Experte oder Fachidiot, ein »Dork« einfach nur ein Idiot und ein Nerd ein kleiner Streber, der auch schnell zum Fachidioten [»Geek«] werden kann. War das jetzt nicht richtig nerdy, dass ich das weiß?

Lieber Inserent aus der *Süddeutschen Zeitung*, ich habe eine traurige Nachricht für Sie: Attraktive Damen vom Typ Mädchenfrau hören bereits auf zu lesen, wenn sie »Lust auf oben ohne« sehen. Da können Sie noch so gebildet, gepflegt, gut situiert und humorvoll sein.

uns dort auf ein paar Runden treffen, dabei viel Spaß haben und sehen, was dann passiert. Vielleicht werden wir Freunde. Vielleicht wird sich mehr daraus ergeben. Lassen wir uns nicht unter Druck setzen.

Also, wenn du auch gerne Billard spielst und Single bist – am besten zierlich und feminin – und in Manhattan wohnst, dann melde dich. Ein Bild wäre hilfreich. Ich bin absolut diskret. Und schicke dir dann auch ein Bild.

Wir haben es verstanden! Du spielst gern Billard! Du hast es auch ein paarmal erwähnt, so nebenbei. Diese ursprünglich englische Anzeige aus *Craigslist* bietet in der Originalsprache jede Menge mehr oder minder lustige Wortspiele mit dem Wort »balls« [Kugeln/Eier]. Im Deutschen muss ich mich halt auf Sparwitze mit »einlochen« beschränken. Ich wünsche dem Inserenten viel Glück dabei!

KÜSS DIE LATTE sagte der Fußballmoderator ...
M, 35, studiert, sportlich, attraktiv, sucht Frau, die sich fürs spontane Küssen derselbigen interessiert. BmB via: kuessdielatte@xyz.com.

Dieser *Zitty*-Leser beweist mal wieder: Fußball ist die schönste Nebensache der Welt.

Zeit zum Träumen
Fühlst du es noch, dein starkes Herz?
Undogmatische Vegetarierin sucht unerschrockenen Naturburschen zwischen 58 und 68 mit Visionen!

Und was, wenn der Naturbursche nun ganz unerschrocken ein Schwein schlachtet?

Rasierter Liebesdiener m. flinker Zunge su. Sie, bevorz.: älteres Semester a. d. Kaffeekränzchen. Bitte nur ohne Wildwuchs u. ohne finanzielles Interesse. Es dürfen sich auch Jüngere melden.

Ja, was denn nun, lieber *Quoka*-Inserent: älteres Semester bevorzugt, aber Jüngere dürfen sich auch melden? Wie tolerant von dir, Alter spielt keine Rolle, nur die Intimfrisur zählt.

> **Alt, hässlich, hilflos, arm und naiv ...**
> Wenn Du so eine Frau suchst, bist Du bei mir falsch. Aktiver und lebensfroher Duracell-Mann gesucht, der nicht nach zwei Wochen wieder auf Standby-Modus im Fernsehsessel dahinschlummert ...

Liebe Inserentin bei *Markt.de*, 99 Prozent aller Männer hören nach »naiv« auf zu lesen und schalten schon nach einer Sekunde auf den Standby-Modus. Und was sagen Ihre Nachbarn, wenn Ihr Duracell-Männchen trommelt und trommelt und trommelt?

> **Mir reicht's jetzt!!!**
> Alle fahren tolle Autos – außer mir! Ich brauche jetzt ein Cabrio! Gibt es einen betuchten Mann Mitte 50 mit Bildung, Werten & Stil? Für eine tolle Frau, allererste Sahne ... Zuschriften unter ZS123456

Diese Frau ist nicht dumm: So bekommt man ein neues Auto für 50 Euro – oder was auch immer diese Anzeige in der *Süddeutschen Zeitung* gekostet hat. Und als Bonus gibt's noch 'nen Mann dazu.

> **Gute Grammatikkenntnisse sind mir wichtiger als gutes Aussehen – Mann, 42, New York**
> Na gut, vielleicht geht das etwas zu weit. Auf jeden Fall regt mich bei den Anzeigen auf Craigslist oder auch bei den Zuschriften auf Anzeigen wahnsinnig auf, dass viele Menschen einfach nicht schreiben können. In so vielen Anzeigen fehlen Großbuchstaben, der Satzbau ist schlecht, und es fehlt jeglicher Zusammenhang. Das nervt beim Lesen ziemlich und weckt bei mir den Ge-
> danken da

> echt, und es fehlt jeglicher Zusammenhang. Das
> nervt beim Lesen ziemlich und weckt bei mir den Ge-
> danken, dass die Verfasser nicht gerade sehr gebildet sind.
> Ich verlange nicht, dass mir jemand mit perfekter Gramma-
> tik, Rechtschreibung oder Zeichensetzung schreibt. Auch
> ich habe bei diesen Dingen manchmal meine Probleme.
> Aber trotzdem: Bitte versuche, deine E-Mails und Anzei-
> gen so gebildet und vollständig wie möglich erscheinen zu
> lassen. Wenn du das nicht machst, zeigt das nämlich, dass
> du den Leser überhaupt nicht respektierst. Wir versuchen
> hier nämlich, uns zu verkaufen. Warum willst du so herü-
> berkommen, als ob du in der Wühltheke liegen würdest?

Dieser Mann aus *Craigslist* lässt das Autorenherz höher schlagen. Endlich einmal jemand, der weiß, worauf es ankommt.
Nichts ist sexier als ein Brief oder eine Anzeige mit korrek-
ter Rechtschreibung. Nur blöd, dass New York so weit weg
ist!

> **Gibt's da draußen eine hübsche Frau, die meinen Mann
> verführen will? ! ! ! !**
> Hey, bin die Jessi ... und suche für meinen Mann eine
> Geliebte ... Mein Mann ist sexsüchtig, und ich kann ihm
> leider nicht immer das geben, was er sich wünscht ... Da
> ich aber meinen Mann nicht an Jede hergebe und Du mir
> auch sympathisch sein solltest ... bin ich auf der Suche
> nach der Richtigen vllt ja dir ... Du solltest zwischen 21
> und 28 Jahre alt sein, dann erst wieder ab 40 ... schlank
> solltest Du sein, das sind wir auch ... Worauf mein Mann
> total abfährt, sind große Busen ... Hab halt net so große
> ... ist aber kein Muss ... Wenn Du ein bisschen bi wärst,
> würde mir das auch gefallen ... Am besten, Du schickst
> einfach mal ein Foto mit ... und beschreib dich ein biss-
> chen und was Du dir genau vorstellst ... Mein Mann ist
> 27 Jahre alt, groß, sportlich und gut aussehend, eher
> zurückhaltend und ein Gentleman ... Er hat sehr viel in
> der Hose, womit er auch gut umzugehen weiß ... Er ist
> ein toller Liebhaber ... Nur ein Nimmersatt ...

So eine Ehefrau wie diese *Quoka*-Inserentin wünscht sich wohl jeder Mann!

> **FETTABSAUGEN UND MEHR – FRAU**, 30
>
> Ich bin eine puerto-ricanische Frau, arbeite hart, bin gebildet und möchte mich wirklich auf meinen Körper konzentrieren. Ich suche einen Mann, der eine Frau will, die wie Kim Kardashian aussieht, dafür aber auch Zeit und Geld investiert. Ich möchte gerne jemanden kennenlernen, der in mein Aussehen investieren möchte und mich nach unseren Wünschen anfertigt. Ich habe BH-Größe 80EEEE, brauche also keine Brustvergrößerung, würde mir jedoch gerne Fett absaugen lassen und meine natürlichen Formen besser betonen. Wenn dich das interessiert, dann melde dich.

Gibt es dafür nicht eine Sendung bei RTL II? Warum muss dafür ein Mann aus *Craigslist* herhalten?

> ***Isch kann auch Mutter*** … und suche mit meiner Partnerin (35, 38) dazu den richtigen Samenspender. Gerne Kindskontakt, kein Sex, dafür aber Schönheit, Geist und Sympathie. abc@xyz.de

Dann schauen wir mal, welcher *Zitty*-Leser auch Vater kann und dieses moderne lesbische Pärchen mit einem Kind beglückt. Es kann eben doch nicht jeder Vater und Mutter gleichzeitig!

> **SUCHE IMPOTENTEN MANN FÜRS LEBEN …**
>
> … ist ein Buch von Gaby Hauptmann, das ich vor einigen Jahren mit großem und wachsendem Vergnügen gelesen habe. Es gibt Frauen, die sind wie Gärtnerinnen: Was sie in die Hand nehmen, wächst und gedeiht. Andere können den Mund nicht voll genug kriegen. Sie saugen Ideologien auf und lutschen auf Dogmen herum in der stillen Hoffnung, davon satt zu werden. Doch das alles interessiert mich nicht wirklich. Und weißt Du auch, warum? Täglich in den Garten zu gehen und sich an dem Wachstum und

warum? Täglich in den Garten zu gehen und sich an dem Wachstum und den Veränderungen zu erfreuen bedeutet mir mehr Lebensqualität als emotionales Kopfkino, das den Alltag programmiert und die Lebensqualität mindert. ... Ich kenne Familienleben aus 20 Jahren Ehe mit der Scheidung nach 28 Jahren. Unsere erwachsenen Kinder haben ebenfalls geheiratet. 25 Jahre lang war ich in einem beruflichen Hamsterrad mit allen Licht- und Schattenseiten. Jetzt arbeite ich ortsunabhängig selbstständig und verbinde meine Büroarbeit mit Garten und Wald unmittelbar an meinem Wohnort. Es ist noch nicht mein Altersruhesitz, aber im Augenblick passt es sehr gut inklusive Raum und Freiheit für Dich. Wenn Du den Roman von Gaby Hauptmann gelesen hast, dann verstehst Du auch, welche Werte ich gerne mit Dir teilen möchte. Das Buch ist ab 1 Cent plus Versand gebraucht erhältlich.

Gaby Hauptmann als Lebensphilosophie, das ist toll, das findet man nur in der Kontaktbörse auf www.naturkost.de. Und nicht einmal ein Geizkragen kann sich hier aus der Affäre ziehen – dem Online-Buchhändler seines Vertrauens sei Dank! Aber warum wird man den Eindruck nicht los, dass es gerade im ersten Absatz um etwas ganz anderes geht? Was soll da wachsen, wenn man es in die Hand nimmt? Und woran wird gelutscht und gesaugt?

Ich will eine Frau mit einem Verstand wie ein Diamant – M, 27, Astoria/New York

Zeig mir, dass du schlau bist. Nicht ein bisschen schlau, sondern SEHR schlau. Außerdem solltest du abenteuerlustig, leidenschaftlich und ein bisschen verrückt sein.

Etwas genauer gesagt: Ich freue mich auf Post von dir, wenn das Folgende (oder zumindest ein großer Teil davon) auf dich zutrifft.

1. Du bist analytisch. Du sprühst vor Ideen und blühst in intellektuellen Diskussionen und Debatten richtig auf.

2. Manchmal bist du sehr verspielt und albern. Du stehst in gutem Kontakt mit deinem inneren Kind ...

3. Du bist Atheistin oder bist zumindest nahe dran, eine Atheistin zu sein ...

Atheistin zu sein …

4. Du hast beeindruckende akademische Leistungen vollbracht (z.B. ein oder mehrere Punkte treffen auf dich zu: Einser-Schülerin, guter Abischnitt, eine Eliteschule oder Eliteuni, ein weiterführendes Studium – das alles trifft auf mich zu).

5. Du magst neue, ungewöhnliche, intensive Erfahrungen, bei denen du an deine Grenzen gehst. Wenn die Umstände stimmen, könntest du dir vorstellen, dir (a) ein Jahr freizunehmen und auf Weltreise zu gehen und (b) Zauberpilze zu probieren.

6. Du rauchst nichts regelmäßig.

7. Du strebst an, ehrlich, offen und direkt zu kommunizieren, vor allem mit engen Freunden und lieben Menschen. …

Einen kleinen Pluspunkt bekommst du, wenn du weißt, woher der Titel dieser Anzeige stammt.

Weitere Pluspunkte bekommst du, wenn du mich persönlich kennenlernen willst, vielleicht noch nicht sofort, aber nach ein paar E-Mails oder Chats.

Und hier der Preis für den ausgefallensten Sonderwunsch aller Zeiten: Gesucht wird eine schlaue Frau! Wow, das hört man wirklich nur alle hundert Jahre einmal! Herzlichen Glückwunsch, lieber Unbekannter aus *Craigslist*! PS: Der Titel der Anzeige [im Original: I want a girl with a mind like a diamond] stammt aus dem Song »Short Skirt/Long Jacket« der amerikanischen Rockband Cake. Juhu, ein Pluspunkt!

Okkultismus interess. spirituelle Sie, Anf. 30, selbstbewusst & naturverbunden, su. ebensolche maskuline (!) ledige, kinderlose Bekanntschaft zum Kennenlernen, Chillen & f. Aktionen. Ich halte nichts von langem Mail-Schriftwechsel: Telefonische Kontaktaufnahme bevorzugt, ich rufe zurück. Kontaktaufnahme ohne Foto wird ignoriert. Isolierte erotische Avancen zwecklos. Radius Südostbayern (Freising, Landshut, Straubing, Passau, Simbach)

Diese Frau sucht in den *Gleichklang-Anzeigen* einen an Okkultismus interessierten Mann für Aktionen? Und um welche Aktionen soll es sich dabei handeln? Schwarze Messen, Hexensabbate, Blutgemälde?

SUCHE MANN IN AACHEN FÜR STILLBEZIEHUNG
Hallo! Ich suche einen Mann in Aachen, für eine Stillbeziehung. Du bist sympathisch, mobil, Akademiker und möchtest (später bei Milchfluss) gestillt werden und helfen, den Milchfluss in Gang zu bringen? Dir sollte es also auch zeitlich möglich sein, mehrmals die Woche ausgiebig zu saugen, am besten täglich. Melde Dich mit Bild bei mir, w, 40, hübsch.

Warum muss ein Mann Akademiker sein, um sich stillen zu lassen? Das bekommen doch auch schon ganz kleine Babys hin!

Immer vorwärts Schritt um Schritt, es gibt keinen Weg zurück
Gibt es auch für mich einen Partner? Bin eine unkonventionelle, naturverbundene West-Berlinerin von 52 Jahren; NR, mobilfunkfrei, nahezu dialektfrei, normale Figur (na ja, vielleicht ein paar Kilo zu viel), ungefärbte kastanienbraune Haare, 1,68 m groß, ein paar kleine Webfehler. Ich suche einen Mann, für den die Sexualität nicht unbedingt im Vordergrund steht. Intelligent, naturverbunden und warmherzig sollte er sein. Perfekt muss er nicht sein. Ich brauche keinen Mann, der sich und seiner Umwelt jeden Tag beweisen muss, wie »männlich« er ist. Ich mag sensible Männer, die zu ihren weiblichen Anteilen stehen, im Rahmen des Normalen natürlich, also bitte keine Transsexuellen, Devoten, Windelträger oder Ähnliches. Wichtig ist mir eine Harmonie auf geistiger Ebene, das »Miteinander-reden-Können« steht absolut im Vordergrund. Eine ökologische Lebenshaltung ist mir sehr wichtig. Ich liebe es, zu radeln und zu wandern. Wichtig sind mir besonders Gespräche mit Tiefgang, kann aber auch gern mal albern werden, ich lache nämlich gern. Weitere Interessen: Literatur, Fotografie, Kreatives in jeder Form und alles, was um uns herum so vorgeht. Was ich nicht mag: Piercings, Tattoos, Raucher, Auto- und Motorradnarren, BILD-Leser, Fußballfans und Hundeliebhaber. Auch solltest du nicht riechen wie eine ganze Douglasfiliale, teure Anzüge und protzige Uhren imponieren mir gar nicht, im Gegenteil.

Was für eine sympathische Frau hier in den *Gleichklang-Anzeigen*! Sie scheint so leicht durch das Leben zu wandern (dialekt-los und mobilfunklos), genau zu wissen, was und wen sie will und wen nicht, und sie hat ja recht: Wer mag schon Männer, die riechen wie eine ganze Douglasfiliale?

> **DAS** genetische Material aller Menschen ist zu 99 Prozent identisch. Also denke bloß nicht daran, eine Beziehung, die hier beginnen könnte, mit den Worten *»Ich glaube, wir haben einfach nicht genug Gemeinsamkeiten«* zu been-den. Es ist wissenschaftlich erwiesen, dass ich der Rich-tige für dich bin (41, möchte im Schlafzimmer gerne als »Oberstleutnant« angesprochen werden). Chiffre 12345.

Jawoll, Herr Oberstleutnant! Wer im *London Review of Books* die Wissenschaft ins Feld führt, hat natürlich immer recht.

> *Wenn Dir das Alltägliche zu normal ist*, melde Dich. Magie, Rituale, Erfüllung, Ausleben geheimer Neigungen. Ja, Du bist gemeint! Melde Dich! Meister sucht Novizin. Bildbewerbung bei absoluter Diskretion.

Hey, Meister der Erfüllung, suchst Du jemanden, mit dem Du je-den Tag Deine geheimen Neigungen ausleben kannst. Wird das dann nicht zu alltäglich und normal?

> **SUCHE unkomplizierte, naturliebende Frau für gem. FKK und Sauna-Besuche**
> Hi, ich (27) suche auf diesem Wege eine Naturlieb-haberin im Großraum Dresden, die gerne an FKK-Stränden baden oder in die Sauna geht, aber allei-ne keine Lust oder zu wenig Mut hat. Gemeinsam können wir die FKK-Möglichkeiten und Saunen in Dres-den und Umgebung erkunden und unsicher machen. Vorrangig habe ich kein sexuelles Interesse, falls sich aber in dieser Richtung etwas entwickelt, werde ich nicht unaufgeschlossen reagieren. Du solltest zwischen 18 und 40 Jahren se'

Klar, Vegetarierin muss sein bei den *Gleichklang-Anzeigen*. Und um nur ja politisch korrekt zu bleiben, reagiert man bei der Aussicht auf etwas Sexuelles nicht unaufgeschlossen. Klingt doch viel besser als: »Hey, wenn wir sowieso schon die ganze Zeit nackt sind, könnten wir doch gleich mal poppen.«

Oh, da hat jemand wohl schlechte Erfahrungen gemacht! Die Inserentin bei *Quoka* könnte auch gleich schreiben: »Hans-Jürgen, du bist ein Arsch!« Und dass der Malermeister ihr dann auch noch alles gestrichen hat, ist echt fies.

Gestatten, mein Name ist Bond. James Bond. Auch der liest nämlich die *Süddeutsche Zeitung*.

> **Falls du ausgefallenen Sex und Buchstabenspiele liebst, dann könn-
> ten wir uns wunderbar verstehen. Ich bin ein anständiger, berufs-
> tätiger weißer Mann aus New York, mag den Mainstream nicht und
> bin ganz unterhaltsam. Interessiert dich das? Dann melde dich ...**

Soweit ich weiß, braucht man bei Buchstabenspielen wie
Scrabble oder Boggle zumindest eine Hand. Könnte also etwas
schwierig werden mit dem Fesseln für diesen Inserenten bei
Craigslist. Wenn man bei den Buchstabenspielen dann aus dem
reichen Wortschatz der SM-Szene schöpft, gibt es sicher für
»Brustklammer«, »Halsschlinge« und »Reitgerte« die doppelte
Punktezahl ...

> **Kernphysikerin oder nette junge Frau gesucht**
> Ich, m, 24 J., suche eine nette liebenswerte Sie. Sie
> sollte sein: reiselustig + toller Charakter. Bitte melden.

Können Kernphysikerinnen etwa nicht nett und jung sein? Oder
strahlend schön?

> **Er ist so klein, dass man ihn in einer Hand halten kann!**
>
> Wenn du Schwänze magst, die weich 7,5 cm und erregt 10 cm
> lang sind, dann melde dich mit einem »Ja« in der Betreffzeile.

Ob der Mann auch nur eine einzige Zuschrift bekommt? Ach ja,
ich vergaß: Auf die Größe kommt es ja nicht an, schon gar nicht
bei *Craigslist*.

> **Was wollen SIE mir schenken?!**
> Ich habe heute Geburtstag! (M, Bj. 1966, 190 cm,
> Arzt) doc66@xyz.de. Zuschriften unter 1234567.

Die Idee ist gar nicht schlecht: einfach mal so in der *Süddeutschen Zeitung* inserieren und schon bekommt man gaaanz viele
Geburtstagsgeschenke.

> **Welche Frau will Kinder, wünscht sich aber, dass der Mann zu Hause bei ihnen bleibt?** – M, 30, Brooklyn
> Hallo, meine Damen, mein Name ist Chris. Ich hoffe, hier meine Seelenpartnerin zu finden – vielleicht bist es ja du? Ich möchte mindestens ein Kind – ob es ein Mädchen oder ein Junge ist, ist egal. Wenn du dir ein Kind wünschst, gleichzeitig aber weiterarbeiten willst und deshalb dein Mann zu Hause beim Kind bleiben soll, dann könnte ich der Richtige für dich sein. Ich liebe Kinder und glaube, dass sie das Leben erst lebenswert machen. Also, lass uns doch einige Zeit miteinander verbringen, dann sehen wir, ob wir uns verlieben und uns diesen Wunsch erfüllen können. Schreib mir, was du gerne machst, vielleicht haben wir ja etwas gemeinsam. Wenn ich dadurch nur eine gute Freundin gewinne, ist das auch in Ordnung – ich will dich nicht unter Druck setzen. Ich freue mich, von dir zu hören, und wünsche dir noch einen schönen Tag.

Lieber Chris, das hast du dir aber schön ausgedacht. Es läuft grad nicht so gut im Job für dich, und deine Freundin hat dich auch verlassen. Was tun? Passionierter Hausmann werden, denn das mit dem Kindermachen und -haben ist ja easy und da gibt's dann noch gratis eine Frau dazu, denn Frauen fliegen auf moderne Hausmänner. Schlau, schlau!

> *Opulente Madame und ihr Marquis, jeweils in prachtvoller Blüte, halten Hof und wünschen sich Inspiration von stilvollen, eloquenten und lustvollen Menschen, deren Persönlichkeiten, Fantasien und Leidenschaften facettenreich sind. Wir dürfen um Ihre kreativen Depeschen nachsehen. pompadour@xyz.de*

Erlauchte Madame Pompadour, erlauchter Marquis Pompadour, sind Sie sicher, dass Sie unter den Lesern der Rubrik »Bettgeschichten« bei *Zitty* stilvolle und eloquente Menschen finden?

> **Zeuge Jehovas, 37**, 1,71, ein wenig psychisch kränklich, möchte zur Ehe eine psychisch kränkliche Glaubensschwester kennenlernen.

Gleich und Gleich gesellt sich eben auch bei den Zeugen Jehovas gerne. Aber wieso die da wohl alle einen leichten Knacks haben? Zu viel Gehirnwäsche?

> **Rentner, Nichtraucher, Nichttrinker**, sucht alleinstehende gesunde Frau mit Haus und Ölheizung. Er möchte Kaninchen halten.

Diese Anzeige muss schon ein bisschen älter sein, denn wer wünscht sich in der heutigen Zeit noch eine Ölheizung? Oder ist das nur eine andere Formulierung für »sucht eine stinkreiche Frau, die es sich leisten kann, mit Öl zu heizen«? Wenigstens haben es die Kaninchen dann schön warm ...

> ### Schaust du gerne auf andere herunter?
> Ich bin 1,80 m groß. Bist du mindestens 1,85 m? Bitte antworte mit Größenangabe und »Macht nichts« in der Betreffzeile.

Ein »kleiner« Trost für alle Supermodels, die Angst haben, niemals mehr einen Mann zu finden. Es gibt auch Männer, die keine Angst vor großen Frauen haben – ganz im Gegenteil!

> **Hältst du dich manchmal für ZU groß? Und findest du deshalb nur schwer einen Partner? – M, 26**
> Weil du so groß bist, beschränkst du dich auf sehr große Männer ... Ich weiß, die Größe ist für dich sehr wichtig. Denk einmal darüber nach, etwas aufgeschlossener zu sein – und etwas anderes auszuprobieren.
> Ich bin nicht groß. Ich bin klug, attraktiv, gut im Bett und habe einen tollen Sinn für Humor. Aber groß bin ich
> nicht. Ich hab...

nicht. Ich habe aber keinen Napoleon-Komplex und viel Selbstvertrauen. Ich war schon mit Frauen zusammen, die 1,75 m und 1,80 m groß waren. Beide wollten am Anfang nichts von mir wissen, aber dann lernten wir uns kennen, und die Funken sprühten. Beide waren schockiert, wie sexy sie mich fanden, als sie sich für mich öffneten und ihre Gefühle zuließen. Und als wir dann zusammen waren, waren sie beide sehr, sehr zufrieden.

Was hat das mit dir zu tun? Nun, ich vermisse die großen Frauen … Wir brauchen keine feste Beziehung einzugehen … zumindest jetzt noch nicht – wir können es mit einem netten kleinen Rummach-Freundschafts-Dingsbums versuchen – nur damit du dich daran gewöhnst, mit einem Mann intim zu sein, der nicht so groß ist wie du.

Nach ein paar Wochen können wir dann zusammen ausgehen. und du wirst überrascht sein, wie wohl du dich mit mir fühlst. Die Blicke, die wir auf uns ziehen, sind dir dann ganz egal.

Irgendwie schafft es dieser Inserent bei *Craigslist*, es so hinzudrehen, dass seine fehlende Körpergröße (um die es wahrscheinlich geht) nicht sein Problem ist, sondern nur das der Frauen. In einem hat er auf jeden Fall recht: Er hat ganz viel Selbstvertrauen.

FREAKY ACTION ADVENTURE GIRL SUCHT DEN FREAKY ACTION ADVENTURE BOY, DER MEINEN TRAUM VERWIRK-LICHEN KANN!!! 100%IG AUF GLEICHER EBENE, AUF GLEICHER WELLENLÄNGE – WELTWEIT!!! DU SOLLST SCHLANGEN, KROKODILE, GORILLAS, WÖLFE, HAIE, GRIZZLYS, DSCHUN-GEL, WÜSTEN U. VULKANE LIEBEN UND EHREN!!! VERGISS DEUTSCHLAND, MACHEN WIR UNS AUF DEN WEG BIS ANS ANDERE ENDE DER WELT – TOGETHER FOREVER – MIT GROSSEM GELÄNDEWAGEN, MOTORRAD, AUCH MIT SCHLAFSACK. NICHTS FÜR SCHWACHMATTEN!!! AS1234567

Nur schade, dass »Crocodile Hunter« Steve Irwin bereits gestorben ist. Denn er hatte zumindest mit Schlangen, Krokodilen und Haien keine Probleme. Die durchschnittliche deutsche »Schwachmatte«, die die *Süddeutsche Zeitung* liest, dagegen …

> **Explorer-Abenteuerin** sucht dringend Partner (30–46 J.) f. gme. Action-Wildlife-Reise m. dem Auto ab 28.06. Time goes out. Unlimited time?? Sei spontan, entscheide dich schnell. Auf uns wartet eine spannende Zeit!!!! AS1123456

Diese Anzeige erschien knapp sechs Wochen nach der obigen Anzeige ebenfalls in der *Süddeutschen Zeitung*. Ich werde den Verdacht nicht los, dass es sich dabei um unser »Freaky Action Adventure Girl« handelt, die nun ihre Ansprüche etwas heruntergeschraubt hat. So groß ist die Wahrscheinlichkeit, in der Wüste einem Grizzly zu begegnen, eben doch wieder nicht. Dafür setzt sie dieses Mal den »Mittelschwachmatten« eine Frist!

> **Melde dich ja nicht**, außer du erfüllst mindestens 75 Prozent der folgenden Anforderungen — Mann, 30
> - wahnsinnig klug
> - verrückt/extrem aufgeschlossen
> - eine Rund-um-die-Uhr-Kifferin
> - Jüdin
> - süß
> - freundlich, umgänglich
> - charmant
> - super-liebenswürdig
> - wohnst an Upper West Side
>
> **Schick mir ein Bild, dann kriegst du meins.**

Ob eine Rund-um-die-Uhr-Kifferin es auf die Reihe bekommt, auf diese Anzeige auf *Craigslist* zu antworten? Na ja, vielleicht kann sie ja am Sabbat antworten, da ist das Kiffen sicher nicht erlaubt.

Irgendwie versteht man diese Anzeige aus dem Berliner Stadtmagazin *Zitty* nicht so recht. Will hier jemand einen Hund verkaufen? Oder geht es hier um Sex mit einem niedlichen Hündchen oder mit Hundekostümen?

Da wird man auch mal in der *Süddeutschen Zeitung* in Großbuchstaben angeschrien und mit Ausrufezeichen zugedröhnt. Ist man ja sonst nur von der Bild gewohnt!

Das ist ja auch mal ein Auswahlkriterium: Ein Wörterbuch! Das ist auf jeden Fall besser als die »Alter und Aussehen egal, Hauptsache große Titten«-Fraktion. Ich heiße Adam – das müsste doch zählen, oder? Immerhin hat der Leser des *London Review of Books* ein Wörterbuch. Das macht ihn für jemanden, der auch als Korrektorin arbeitet, schon fast unwiderstehlich.

Ich suche nach einer Rockerin mit Lederfetisch – Mann, 35

Ich bin schon immer meinen eigenen Weg gegangen und spiele deshalb auch in einer Rock-/Metal-Band. Ich nehme mir gerne die Freiheit, das zu sagen und zu tun, was ich will, finde jedoch niemanden, der zu mir passt. Ich gebe offen zu, dass ich besessen von Frauen in Lederhosen oder einem Lederrock bin. Warum? Keine Ahnung, außer dass es mich anmacht, das geschmeidige Leder auf den Kurven einer Frau zu fühlen. Und der Geruch des Leders macht mich heiß. Ich suche verzweifelt nach einer Frau, die diesen Fetischismus mit mir erforschen will und gerne Lederhosen, Lederröcke, Leder-Catsuits und ganz allgemein Lederklamotten trägt. Ich habe auch keine Angst, Fesselspiele oder SM auszuprobieren. Ich wünsche mir die Gesellschaft einer sexy Rockerin, die mich nervös machen und mich überwältigen kann – wenn ich sie einfach nur in ihrer Lederkleidung anschaue und mir vorstelle, wie wir uns aneinander reiben. Ich bin kein Freak und auch nicht pervers ... ich will einfach nur etwas erforschen, das ich mir von klein auf wünsche. Hier ist ein Foto von mir, wie ich bei einem Konzert meiner Band Gitarre spiele ... und natürlich trage ich eine Lederhose.

Wäre der Inserent auf *Craigslist* in Bayern aufgewachsen, wo von klein auf die Burschen an das Tragen von Lederhosen gewöhnt werden, also sozusagen das Leder mit der Muttermilch aufsaugen, hätte er eventuell diesen Fetisch nicht entwickelt.

SPIELEN: Wer spielt mit mir, M, 34, attraktiv, Akademiker, Waldorf Warcraft, geht dann mit auf La Doom – Die Fete, isst Mortadella Kombat und vergisst Kukident Evil? Alternativ Berghain und / oder Treptower Park. Ihr wisst schon ... F only – BmB:petti.confetti@xyz.com

Eines wissen wir: Dieser *Zitty*-Inserent liest nicht nur sein geliebtes Stadtmagazin, sondern auch die *Titanic*. Das Satiremagazin stellte nämlich eine Liste gewaltfreier Alternativen zu Killerspielen zusammen – und daraus stammen die Beispiele aus dieser Anzeige. Hm, das qualifiziert mich jetzt ja schon irgendwie für diesen attraktiven Akademiker. Nur gut, dass ich weder in Berghain noch am/im Treptower Park wohne.

Frustrierter End-Zwanziger sucht nach Beziehungs-Aus Frau mit Lattenrost und Matratze 90 x 200 cm, Kernhöhe 20 cm. Bett vorhanden. Zuschriften bmB vom Lattenrost, Matratze und Dir.

Das nennt man zwei Fliegen mit einer Klappe schlagen. Oder auch: das Bett miteinander teilen.

Mann mit Macken, 42/1,82/85. Gefühlsgesteuert, bewusst, eigensinnig, frei, sensibel. Sucht natürliche, gut aussehende, warmherzige, liebevolle Frau mit Eigenantrieb und vielen kleinen Fehlern in HB +/- 100 km.
Leserinnen, Frauen mit hilflosen Kulleraugen, Tieren über 100 g, Töchtern, Krankheiten, Labellos, Zigaretten und Körnern im IKEA-Regal … **Bitte, bitte nicht an ZL 1234.**

Ja, ja, *ZEIT*-Leser sind eben anspruchsvoll. Was mich jetzt aber interessiert: Der Herr will keine Frau mit Tieren über 100 Gramm. Das heißt, Filzläuse, Zecken und Würmer sind okay? Oder zählt da das Gesamtgewicht?

Ich esse gerne Brote mit Mayonnaise und Erdnussbutter im Regen, schaue mir alte Barney-Miller-Folgen an, pinkle auf Vögel im Park und schlecke Fremde in der U-Bahn ab. Du isst gerne rohe Rüben, hast den Kilimandscharo bezwungen und schwitzt viel und oft. Schuhgröße 35–36 ein Muss.

Was für ein charmanter Individualist, der auf Vögel uriniert, den will Frau sicher sofort kennenlernen. Und was für spezifische Anforderungen der Herr hier hat: eine verschwitzte Frau mit Minifüßen. Und mit diesen kleinen Füßen soll es die Frau bis auf den Kilimandscharo geschafft haben?

Alleinstehender Mann sucht sehr gelenkiges Supermodel, das eine Brauerei besitzt und Haschisch anbaut. Pluspunkte gibt es für kostenlosen Zugang zu Konzertkarten und eine aufgeschlossene Zwillingsschwester.

Das hätte man auch kürzer formulieren können:
»Eierlegende Wollmilchsau gesucht«

Teilzeittransvestit ...

... sucht gut situierten homosexuellen Lebens- und Liebespartner. Du solltest zwischen 45 und 55 Jahre sein, sehr gepflegt, ohne Intimbehaarung, gerne Anzugträger und genau wissen, was »Frauen« mögen. Ich bin selber berufstätig und habe keine finanziellen Interessen, bin es aber leid, immer von »Bettelstudenten« angeschrieben zu werden. Du solltest so um die 190 cm groß sein, da ich sehr gerne hohe Frauenschuhe trage und selber 178 cm groß bin. Erwarten darfst Du dafür einen recht femininen Mann in Damenbekleidung, der es SEHR genießt, seine weibliche Seite voll auszuleben, in allen Facetten. Sehr gerne bin ich zu Hause Deine liebende »Frau«, die Dich nach der Arbeit in Dessous und anderen wundervollen Kleidungsstücken erwartet, die wir gemeinsam aussuchen. Ich liebe schöne Kleider, Röcke, Blusen und hohe Hacken. Gerne darfst Du zu Hause »die Hosen anhaben« — leider ist das andere Wort hierfür verboten *zwinker. Wenn ich nicht arbeiten muss, dann kümmere ich mich gerne um das gemeinsame Heim, denn meine feminine Seite beinhaltet auch die häuslichen Arbeiten, die ich sehr gerne verrichte. Im öffentlichen Leben bin ich Dir gerne der Kumpel, mit dem Du unter »Männern« ausgehen kannst, da ich auch dort eine gute »Figur« mache. Selber komme ich aus dem Bereich Frankfurt am Main/Niederrad und da ich weder ein Abenteuer noch eine Fernbezieh...

> ...nämlich~~ ausgehen kannst, da ich auch dort eine gute »Figur« mache.
> Selber komme ich aus dem Bereich Frankfurt am Main/Niederrad und
> da ich weder ein Abenteuer noch eine Fernbeziehung suche, solltest Du
> auch dort wohnen.
> So, nun mal »ran an die Tasten«, aber BITTE nur mit Niveau.

Zu Hause Frau, draußen Mann – das Zwitterwesen bei *Quoka* lebt die Gleichberechtigung in einer Person aus!

> **Sind Sie Kate Bush?** Dann schreiben Sie einem besessenen Mann (36). Anmerkung: Wer nicht Kate Bush ist, braucht nicht zu antworten.

Ich hoffe nur, dass Kate Bush die gleiche Zeitung liest wie dieser Stalker ... äh: Fan. Wenn's nicht klappt: einfach mal über die Website www.katebush.com probieren. Das ist vermutlich besser, als im *London Review of Books* zu inserieren.

> **Hillary Rodham Clinton**, wo bist du? Geselliger, viel beschäftigter, glücklicher Mann, 28, kann seinen Freunden nicht entkommen. Sucht Frau, die weiß, was sie will, zum Essen, Trinken, Reden und Zuhören. **Box 1234**

Hui, dieser Mann aus dem Londoner *Time Out* hat ja wirklich einen sehr speziellen Frauengeschmack ...

> *Brauchst du jemanden, der platonisch deine Wohnung putzt? – M, 30, Greenwich Village*
> Da ich gerne Befehle annehme putze ich gerne und freue mich darauf, deine Wohnung sauber zu machen. Ohne Sex. Ich werde die ganze Zeit voll bekleidet sein und du auch. Lass mich deinen Fußboden schrubben, dein Geschirr spülen, deine Toilette putzen – alles, was du sagst, werde ich tun. Ich werde nicht unaufgefordert sprechen – das ist die goldene Regel, und ich liebe das!

gefordert sprechen – das ist die goldene Regel, und ich liebe das!

Eigentlich ein ganz normaler Job, aber mir würde es riesig Spaß machen :)

Hm, meine Putzfrau hat gerade gekündigt – wäre das vielleicht eine Option? Die Gegenfrage: Was ist unplatonisches Putzen? Wenn man den Parkettboden wichst?

Träume gehören manchmal verwirklicht, deshalb möchten wir ein Mädel für ein Leben zu dritt finden.
Wir, Joe (38 J.) und Nicki (27 J.), haben sowohl in unserem Haus als auch in unserem Leben Platz für ein lebenslustiges, humorvolles, tier- und naturliebes Mädel (Alter egal, lediglich Stubenreinheit und Sympathie erwünscht ;). Wer gerne Tisch, Bett, Freude und Leid mit uns teilen möchte, darf uns gerne mailen! Freuen uns auf Zuschriften!

Drei sind in diesem Fall aus den *Gleichklang-Anzeigen* eben nicht einer zu viel. Und auf Stubenreinheit sollte man wirklich bei seinen Partnern sehr viel Wert legen, was kann sonst so ein Mädel für eine Sauerei machen! Ach neee!

Drachentöter gesucht
Du bist spontan, ca. 50/180, ein selbstbew. Akk. mit Lust am Leben, Tatendurst u. su. attrakt. sportl. Prinzessin? Perfekt!!
Hola33@xyz.de od. ZS1 234567.

Zwei vom Aussterben bedrohte Existenzen suchen sich hier. Wie häufig das traditionelle Berufsbild »Drachentöter« heute noch ist, ist fraglich. Und wie viele Prinzessinnen inserieren heute noch in der *Süddeutschen Zeitung*?

WENN DU während der Schwangerschaft nicht auf Nähe und Sex verzichten willst, aber der Mann dazu fehlt – meld dich doch bitte. Sympathie entscheidet.

Na ja, schwanger werden kann die Gute, die auf dieses *Zitty*-Inserat antwortet, dann wenigstens nicht mehr! Eine Sorge weniger!

> **ICH WASCHE DEINE DESSOUS FÜR DICH – MANN**
> Wenn es dir gefällt, können wir es arrangieren, dass ich zu dir komme und alle deine BHs und Unterhöschen, Strapse und Strümpfe, Unterröcke und andere Dessous für dich wasche, mit der Hand. Ich komme einmal pro Woche und kümmere mich um deine Wäsche. Du musst nur das Waschmittel besorgen, ich mache dann den Rest. Wenn du mehr wissen und darüber sprechen möchtest, dann schreibe mir bitte. Aber bitte nimm es ernst, denn mir ist dieses Anliegen sehr ernst. E-Mails, die nur aus einer einzigen Zeile bestehen, werden gelöscht, also gib dir bitte Mühe.

Ob der Mann aus *Craigslist* auch meine Bauch-weg-Höschen à la Bridget Jones wäscht? Oder Baumwoll-Snoopy-Unterhosen vom H&M?

> **Stell dir vor,** *du hast einen Arzttermin, und du gehst hin. Kriegst deine inneren Werte gemessen, einfühlsam u. einführend, und auf dem Gynstuhl darfst du dich entfalten. (MW = Kerle zwecklos) 1234567*

Ob dieser Berliner Frauenarzt, der da bei *Zitty* nach neuen Patientinnen sucht, beim Finanzamt auch angibt, dass er seine Praxis auch privat nutzt? Ich jedenfalls werde niemals mehr unbedarft zum Frauenarzt gehen können.

> **Ich habe es satt, alleine zu essen**, ob in einer Sterneküche, im Biergarten oder daheim. Pfundige Endfünfzigerin, rothaarige Widderin, humorvolle Raucherin ... Meine größte Leidenschaft ist z. Zt. Sockenstricken. Das ist zu wenig für den Rest des Lebens. Gibt es einen Mann, der mich »reaktiviert«? **Zuschriften unter ZS123456.**

Wenigstens kann der Mann, der auf diese Anzeige in der *Süddeutschen Zeitung* antwortet, keine kalten Füße bekommen ...

Mano Destra oder walk on the wild side

DU suchst den Zauber der Verwandlung und möchtest Empfindungen kennenlernen, welche Du in dieser Intensität bis jetzt nicht einmal erträumt hast. Du hast ein absolutes Faible für Crossdressing (male to female oder female to male) und hast Schmetterlinge im Bauch, wenn Du nur daran denkst, Dich so zu kleiden. An High Heels kannst Du nicht vorbei, ohne sie tragen zu wollen, je höher, desto schöner. Das Gefühl, in Nylons und Heels sich im Spiegel zu bewundern. Im Spiegel siehst Du Dein anderes Ich, einen Mann im Hosenanzug mit Krawatte ganz seriös oder eine Frau im Kleid etwas lasziv. Du bist neugierig, was es so alles gibt (schau mal nach Mano Destra von Cleo Übelmann). Alles andere ergibt sich, vielleicht.

Dieser Inserent/diese Inserentin (vielleicht weiß er/sie das selbst nicht so genau) aus den *Gleichklang-Anzeigen* sagt einer unbedarften Autorin wenigstens, wonach sie googeln muss: »Mano Destra« ist ein lesbischer Kunstfilm der Schweizer Regisseurin Cleo Übelmann. Der Schwarz-Weiß-Film von 1986 ist eine Studie der erotischen Objektifizierung und zeigt, wie eine Frau eine andere Frau fesselt. Hätten Sie's gewusst?

Willst du mich anziehen und feminisieren? – M, 42

Ich bin 42 Jahre alt, verheiratet und frage mich schon seit Langem, wie es ist, von einer Frau mit einer verrückten Seite in hübsche Wäsche, einen Rock und ein Top gekleidet und feminisiert zu werden. Wenn du mich angezogen hast, werde ich dein kleines Mädchen sein und alles tun, was du willst: leichte Putzarbeiten, Fußmassagen oder Ganzkörpermassagen mit warmen Ölen. Wenn du darauf stehst oder ein bisschen wagemutig bist, kannst du auch deinen Umschnalldildo an mir ausprobieren. Falls du keinen hast, können wir zusammen einkaufen gehen und einen suchen, der dir gefällt. Ich ~~bin sehr unkompliziert~~ und ein wenig devot und werde

probieren. Falls du keinen hast, können w.r. zusammen

einkaufen gehen und einen suchen, der dir gefällt. Ich bin sehr unkompliziert und ein wenig devot und werde alles versuchen, um dich glücklich zu machen. Wenn du es also ernst meinst und mit mir sprechen möchtest, erzähl mir von dir und sag mir, worauf du stehst. Dann können wir uns treffen und in Ruhe darüber sprechen.

Das ging aber schnell: Erst sind wir noch beim Putzen (aber bitte leichte Putzarbeiten!!), dann beim Umschnalldildo.

SUCHE UNTREUE PARTNERIN FÜR FESTE BEZIEHUNG
Ich suche eine untreue Partnerin für eine feste Beziehung. Ja, du hast richtig gelesen. Ich suche eine Partnerin, die wie ich eine feste Beziehung sucht, aber trotzdem ihr freizügiges Sexleben mit anderen Männern nicht aufgeben will. Zu mir: Ich bin 40 Jahre, 1,88 m groß und bringe 92 kg auf die Waage. Ich wohne in meinem eigenen Haus in Berlin-Lichtenberg und bin selbstständiger Unternehmer mit regelmäßig gutem Einkommen. Wenn ich Dein Interesse geweckt habe oder Du noch Fragen hast, freue ich mich auf eine Nachricht von Dir. Bis dahin, Kuss Jochen

Lieber Jochen, ich möchte nur mal überprüfen, ob ich deine Anzeige auf *Local24* nicht missverstanden habe: Du willst eine Partnerin, die wie du eine feste Beziehung sucht, aber trotzdem ihr freizügiges Sexleben mit anderen Männern nicht aufgeben will. Also willst auch du dein freizügiges Sexleben mit anderen Männern nicht aufgeben, oder?

Trotz genügend Geld und beruflicher Erfolge fühle ich mich einsam und suche Kameradschaft und Geborgenheit. Bin 55/170, in guten und gesicherten Verhältnissen. Einfamilienhaus mit Garten in ideal-schöner Großstadt-Randlage vorhanden. Suche möglichst stark kurzsichtige Lebenspartnerin (Brillenträgerin), ca. 35–55 J., natur- und musikliebend, zur Idealehe.

Warum die Frau unbedingt stark kurzsichtig sein sollte, bleibt ein Rätsel. Brillenfetischismus? Der Inserent ist nicht tageslichttauglich? Oder schon 95? Bleibt nur eins: Schreiben und herausfinden!

> **BIST DU GELENKIG?**
>
> Du kannst Spagat? Und bist auch sonst sehr gelenkig? Humorvoller und sportlicher Mann sucht genau DICH! Alter, Figur und Aussehen völlig egal. Freue mich auf Dich! Bitte melde Dich!

Auch wenn das Alter für diesen *Quoka*-Inserenten eigentlich egal ist: Mit 80 könnte es schwierig werden mit dem Spagat. Und mit Wampe wird's auch kompliziert.

> *Suche chaotisches Mädel, das ein wenig Ordnung braucht – Mann, 40* Geht bei dir immer alles schief, weil du planlos und spontan bist? Weil du dich nicht lange im Voraus verabreden willst und kein Typ das mitmacht? Ich schon! Ich kann mich von dir mitreißen lassen oder ein wenig Struktur in dein Chaos bringen. Ich bin unkompliziert, witzig, auch kurzfristig verfügbar und werde neuen Schwung in dein Leben bringen. Schick mir ein Bild – denn das könnte der Beginn einer verrückten Romanze mit diesem berufstätigen, versierten, 1,83 m großen, blauäugigen Gentleman sein.

Na gut, dann werde ich diesen New Yorker, der bei *Craigslist* inseriert hat, mal kontaktieren. Meine Wohnung müsste nämlich dringend ausgemistet werden. Und eine Sekretärin, die meine Termine koordiniert, habe ich auch nicht.

> Hey, Leute! Junger Typ (24) sucht ABSOLUT hetero aussehenden und auch so wirkenden, unkomplizierten Kumpel (21–26) für wahre Freundschaft, Bier, Unterhaltung, Lachen. Absolute Diskretion gewährleistet. Bitte antworte. Niemand braucht es je zu erfahren! Foto unerlässlich. Box 1234

Ich frage mich immer, was passiert, wenn sich auf so eine Anzeige wie hier im Londoner *Time Out* der Kollege meldet. Oder der Bruder ...

Metalheads!!! Wo steckt ihr???? – M, 21, Downey/Los Angeles

Das Wichtigste zuerst: Ich bin 21, lateinamerikanischer Herkunft, 1,65 m und schlank.

Ich suche nach einem weiblichen Metalhead für eine Freundschaft, eine Freundschaft mit gewissen Vorzügen oder als Freundin :] Ähm , ja, ich mag weiße Mädchen und Latinas. Und schlanke, weil ich ja selber schlank bin und dich dann besser umarmen oder sogar tragen kann ;)

Ich kann ernsthaft, witzig, schmutzig, lieb oder auf was du sonst so stehst sein. Ich habe einen Job, im Moment aber kein Auto. Ich rauche nicht, nehme keine Drogen und trinke auch keinen Alkohol (außer zu besonderen Anlässen), aber sonst bin ich cool und suche nur jemanden, der auf meiner Wellenlänge liegt. Bitte aber aus der Nähe von Downey. Schick mir ein Foto, und schreib den Namen deiner Lieblingsband in die Betreffzeile.

Auch wer harte Musik liebt, kann manchmal ganz zart sein.

---

20 cm »Das sind nicht 20 Zentimeter, kleiner Peter. 20 cm sind in Wirklichkeit viel größer.« M, 35, studiert, sportlich, attraktiv, sucht Frau, die nachmisst. Zur ganz natürlichen Erklärung von ganz natürlichen Schwächen. BmB. **weareanimals@xyz.com 06/1234**

Wird das Lineal gestellt oder muss die Frau es selbst mitbringen, lieber Peter aus *Zitty*?

REPTILIENFRAU GESUCHT – MANN, 47, CHICAGO

47-jähriger Mann, 1,72 m, 85 kg, gut aussehend. Suche nach einer Beziehung, die als Freundschaft beginnt, mit einer Frau, die entweder Reptilien mag oder zumindest kein Problem mit ihnen hat. Es fällt mir nicht schwer, Frauen kennenzulernen, doch manche schreckt es ab, dass ich Reptilien habe. Ich bin ein sehr aufrichtiger Mann, altmodisch. Mein Herz und mein Verstand sind offen. Ich führe ein positives Leben und weiß auch die kleinen Dinge zu schätzen. Ich koche gerne, gehe gerne bei M gerne bei Mondschein am See spazieren, bin gerne draußen und mag Live-Musik, Kino, Comedy Clubs und viele andere Dinge. Wenn du es also mit einer neuen Freundschaft versuchen willst und abwarten kannst, wo sie hinführt, dann freue ich mich, von dir zu hören.

Lieber *Craigslist*-Leser, ich muss sagen: Es gibt einen Unterschied zwischen einer hochgiftigen Schlange und einem netten kleinen Chamäleon. Ein bisschen genauere Angaben über deine Reptilien wären also nicht schlecht. Oder redest du von deiner »Hosenschlange«?

Lass uns ein Doppelleben führen

Du liest richtig, ich bin eine rüstige Rentnerin mit 65 Jahren, und ich bin es so leid vor dem Fernseher zu sitzen mit meinem Alten. Jetzt hab ich mir gesagt, dass ich es noch einmal richtig wissen möchte. Auch wenn ich schon mehrfache Oma bin, möchte ich mit dir in meine geheime Welt schlüpfen! Lass mich deine kleine Hobby-Hure sein oder vielleicht dein Tantchen, lass es uns im Freien oder im Hotel tun oder einfach schnell in der Kabine des Schwimmbades. Ich möchte gerne Männer kennenlernen, die meine Reife schätzen und sich mit mir zusammen austoben möchten.

Je oller, je doller!

KLEINES ROCKERMÄDCHEN FÜR ROCKERTYP GESUCHT (NORDOST-BRONX)

Gesucht wird ein kleines Rockermädchen für einen kleinen Rockertyp. Ich bin 35 Jahre, mediterraner Typ, 1,57 m groß und wiege 56 kg. Keine Geschlechtskrankheiten. Ich suche nach einer Frau zwischen 18 und 45 für eine diskrete, zwanglose Beziehung oder eine Freundschaft mit gewissen Vorzügen. Ich will kein Drama. Nur eine schlanke bis durchschnittliche Frau, die mich anruft, wenn sie geil ist. Bitte sei zwischen 1,48 m und 1,62 m groß. Was das Aussehen anbetrifft, bin ich sehr flexibel. Wichtig ist mir aber, dass du sauber bist, keine Krankheiten hast und auch keine Drogen nimmst (Kiffen ist kein Problem, Der

> tig ist mir aber, dass du sauber bist, keine Krankheiten hast und auch keine Drogen nimmst (Kiffen ist kein Problem). Du kannst zu mir kommen, oder wir können woanders hingehen. Meine Wohnung ist zwar ein bisschen klein, aber das geht schon. Wie wäre es, wenn wir uns erst eine Zeit lang schreiben würden? Wenn wir uns verstehen, können wir auch Bilder austauschen. Bitte schreib »Rock Chick« in die Betreffzeile, sonst lese ich die Mail nämlich nicht.

»Klein« ist hier also durchaus im wörtlichen Sinn gemeint. Und dann wird gerockt, was das Zeug hält! Aber nur wenn die Kleine auch sauber ist, das hier ist nämlich ein Safer-Rocker!

Sadomasochismus oder auch BDSM (Bondage & Discipline, Dominant & Submissive, Sadism & Masochism) ist heute eigentlich kein ausgefallener Sonderwunsch mehr. Auch in »seriösen« Medien wie der *Süddeutschen Zeitung* wird heute nach Dominanz und Unterwerfung gesucht. Und spätestens seit »Shades of Grey« zum internationalen Bestseller wurde, experimentiert auch die Hausfrau gerne mit Handschellen oder Reitgerten und gibt in diversen Medien entsprechende Anzeigen auf.

> *Ein verdorbenes Mädchen*
> *Warst du ein böses Mädchen?*
> *Du weißt, was jetzt kommt ...*
> *Ich respektiere deine Grenzen.*

Dieser Mann aus *Craigslist* hat wohl wirklich »Shades of Grey« gelesen, denn diese Sätze könnten fast wörtlich aus diesem Buch stammen.

> **Junge Sie** sucht Christian Grey. Zuschriften unter **ZS1234567.**

Auch die Leserinnen der *Süddeutschen Zeitung* haben den Bestseller des Sommers 2012 gelesen.

Dieser *Zillo*-Inserent kennt seine Filmklassiker: von »Termina-tor« bis zur »Rocky Horror Picture Show« – dafür durchfluten wir ihn geräuschmäßig mit einem »Hasta la vista, baby«, um es mit Arnie zu sagen.

Bei dieser Anzeige brachte mich die E-Mail-Adresse zum Schmunzeln. Erschien sie doch in derselben Woche in der *Augs-burger Neuen Szene*, als die Drogeriekette Schlecker pleiteging. Tausende »Schleckerfrauen« verloren ihren Job, aber was ist mit den »Schleckersklaven«?

Da wird sich die geehrte A. sicherlich sehr freuen: Einerseits verzehrt sich dieser *Zillo*-Leser nach ihr und ihren hübschen Füßchen, gleichzeitig hält er aber schon nach anderen Wesen Ausschau. Könnte ja sein, dass ihn die geehrte A. doch nicht erhört. Andere Wesen haben eben auch hübsche Beine.

> **SUCHE NACH EINEM HAUSTIER – FRAU, 21**
>
> Ich glaube fest an Beziehungen, in der die Frau das Sagen hat. Ich werde gerne verehrt, leidenschaftlich geliebt und als Göttin verehrt. Ich würde gerne herausfinden, wie es ist, einen gehorsamen Sklaven zu haben, den ich fesseln, auspeitschen und necken kann. Ich suche den perfekten Sklaven:
> 1. Du bist über 35.
> 2. Über Grenzen können wir reden.
> 3. Du wirst mich mit »Ms. Rae« ansprechen.
> 4. Absoluter Gehorsam, wenn das Spiel beginnt.
> In die Betreffzeile: *Bitte peitsch mich aus.*

Warum ist diese Anzeige bei *Craigslist* unter »Frau sucht Mann« und nicht unter »Tiermarkt« erschienen?

> **Ich suche einen naturverbundenen Mann,** … der … im Urlaub gerne in den Bergen wandert, aber auch der See etwas abgewinnen kann, und dem das Innere wichtiger ist als das Äußere. Wahrscheinlich hast du schon eine größere Lebenskrise bewältigen müssen oder bist noch dabei. Das ist okay. Mit Menschen, bei denen alles perfekt/toll/glattlief im Leben, habe ich in den letzten Jahren keinen fruchtbaren Kontakt aufbauen können. … Ich kann für meine Seele inzwischen gut sorgen und auch du solltest zumindest weitgehend mit dir im Reinen sein … Du fühlst dich mit klaren Vereinbarungen in der Partnerschaft am wohlsten und hast auch schon etwas Übung darin, diese zu treffen. … Du bist nur im Sex dominant im BDSM-Sinne, das aber sehr gern. Ab und zu wechselst du auch die Seiten und bist devot. An Männern ohne SM-Erfahrung/-Hang habe ich für eine Partnerschaft kein Interesse mehr. Du solltest +/- 5 Jahre um mein Alter (47) sein und maximal aus 50 km Entfernung kommen. Kein Kettenraucher. Adonis musst du nicht sein, auch Bilder tausche ich nicht. Telefonieren können wir gerne vorher. Mit 168/71 kg bin ich in der Mitte eher aus- als eingedellt, aber ansonsten für die meisten Männer hinreichend attraktiv. Ich habe Kinder im

> meisten Männer hinreichend attraktiv. Ich habe Kinder im Schulalter. Es fördert das gegenseitige Verständnis, wenn du auch welche hast. Obwohl ich einen neuen Lebenspartner für die nächsten – möglichst vielen – Jahre suche, ist eine monogame Beziehung nicht (mehr) mein Ziel. Aber wie das dann real aussieht, ist Vereinbarungssache zwischen uns.

Hier ist sie: die ganz normale BDSM-Frau von nebenan. So etwas findet man eben auch bei den *Gleichklang-Anzeigen*. Denn auch beim Wandern in den Bergen kann man sich herrlich an Bäume fesseln lassen ...

Manche Männer bevorzugen Frauen mit üppigen Formen, auch »Rubensfrauen« genannt. Warum strampeln wir uns dann überhaupt im Fitnessstudio ab und nagen beim Abendessen an einem einzigen Salatblatt herum? Es gibt doch so viele tolle Männer für uns da draußen!

> **Mann sucht Frau** (MEHR ALS 150 KILO), die sich auf ihn setzt und Doughnuts auf ihm zerquetscht.

Muss sie die Doughnuts selbst mitbringen? Und wer darf die Pampe am Schluss essen?

> Warmherziger **Norddeutscher, 40/1,78**, nett aussehend, bietet unkomplizierter 125-Kilo-Frau (auch älter!) Herz und Heimat. **Möglichst Ganzbildzuschriften unter 1234**.

Na klar, eine Ganzbildzuschrift muss es schon sein! Nicht dass die Gute am Ende ein paar Kilo zu wenig auf den Rippen hat!

> *Rembrandt sucht Rubens!* M (46, 185), rank, schlank und blond, sucht neugierige und experimentierfreudige Rubens-Lady (35–55 J.), die lustvoll und evtl. leicht dominant mit dem Pinsel umgehen kann. E-Mail mit Bild an leckerschlecker6@xyz.de wäre pfundig!

Ein Pfundskerl, dieser *Zitty*-Leser! Ich nehme an, sein Pinsel steht schon bereit.

Rubensdame gesucht

Lass mich der weiblichen Erotik deiner übergroßen Oberweite erliegen (»E« oder mehr); Investmentbanker aus München (42, 186, 92), männlich attraktiv, gut aussehend, großzügig, warmherzig, sucht Freundin für angenehme Stunden, Ausflüge, Reisen, Kunst & Kultur, freue mich auf dein heiteres Wesen und unsere gemeinsame Zeit! Mail: convent@xyz.de od. Chiffre.

Dieser Inserent aus der *Süddeutschen Zeitung* hat erkannt: Eine Rubensfigur geht praktischerweise mit einer großen Oberweite einher.

Runde Weiblichkeit gesucht!

Komm, wir lassen die Korken knallen und unsere Berührungen nur so prickeln! Meld Dich doch bei mir, M, 36, rotblond, sportlich und studiert (aber wir müssen ja trotzdem nicht allzu intellektuell werden). Herr_sommer@xyz.de

Doktor Sommer wäre mir schon lieber gewesen als der Herr Sommer, der hier im *Tip Berlin* inseriert. Aber zu intellektuell will der Herr ja nicht werden ...

Bei ca. 5 bis 10 Prozent aller Frauen kommt ein sogenannter Hirsutismus vor, ein üppiger Haarwuchs nach männlichem Muster. Im 19. und frühen 20. Jahrhundert verdienten üppig behaarte Frauen oft ihren Lebensunterhalt als »Frau mit Bart« in einem Zirkus oder einer Freak Show. Vermutlich gab es auch damals schon Männer, die dies attraktiv fanden – sie gaben es nur nicht offen zu. Das ist heute anders, wie die folgenden Anzeigen beweisen:

> **ZÄRTLICH-DOMINANTER EWIGER JUNGE, 34**, sucht kluges, schlimm behaartes (z.B. ausgeprägter Damenschnurrbart, totale, extrem üppige Armbehaarung) Frauchen, das für immer zu ihm hält.

Das ist eben noch ein echter Romantiker!

> Bist du eine sehr **NATÜRLICHE** (behaarte) **Frau**?
> Hallo, du **Schöne**,
> ich suche eine Frau, die gegen die gesellschaftlichen Normen verstößt und sich nicht rasiert ... Ich liebe Frauen mit behaarten Armen. Du bist so süß und etwas ganz Seltenes.
> Ich bin erfolgreich und kümmere mich um die Frau, mit der ich zusammen bin.

Soso, lieber *Craigslist*-Inserent, du kümmerst dich um deine Frauen. Gehört dazu auch Kämmen?

> **Manierlicher, lausbübischer ewiger Junge, 34,** sucht schlankes bis leicht molliges, lustiges, süß-freches, stetige Zähmung von ihm erwartendes (niemals aggressiv, böse, kränkend) Frauchen mit ausgeprägtem Damenschnurrbart, einzigartiger, üppig wuchernder Arm-/Achselbehaarung, einzigartiger Bein- und eventueller Brust-/Bauchbehaarung, das seine liebenswerte, kuschelige Teddybärin sein mag.

Schade, dass der Inserent eine Teddybärin und keinen Teddybären sucht. Der hat nämlich in der nächsten Anzeige bei *Craigslist* inseriert:

> *Stehst du auf behaarte Typen? Mann, 39*, New York
> Ich bin weiß, groß, gut aussehend, habe blaue Augen ... und Haare. Größtenteils an Beinen, Armen, auf der Brust, am Rücken dagegen weniger. Ich bin gut in Form. Eben nur sehr maskulin. Wenn du also keine Haare magst, bin ich nicht der Richtige für dich. Ich bin eben ein Teddybär.

Viel Spaß beim Kuscheln!

> **Gibt es** eigentlich noch **eine schöne Frau**, die nicht rasiert ist?
> M, 42, 183, freut sich über Nachrichten. sha12@xyz.de

Dieser *Zitty*-Leser fragt gar nicht nach üppiger Körperbehaarung, sondern nach etwas, das vor ein paar Jahren noch ganz normal war. Ein echter Nostalgiker eben!

> **Kleiner »Rasenmäher«**, 1,65 m groß, 55 Jahre alt,
> Witwer, sucht »passenden Rasen«. Er mäht auch im Winter.

Ich war mir nicht sicher, ob diese Anzeige nicht auch noch zum Thema »haufenweise Haare« gehört. Will hier ein Mann eine Frau rasieren? Oder vielleicht wirklich ihren Garten verschönern? Oder möchte er sie nach dem Mähen noch »beackern«? Was auch immer sich die Frauen wünschen, die auf diese Anzeige antworten: Wenn es nicht klappt, dann können sie es immer noch bei »Obi« oder »Dehner« versuchen. Da gibt es sogar elektrische Rasenmäher.

Nicht erst seit John Travolta und Samuel L. Jackson in »Pulp Fiction« darüber diskutierten, ob eine Fußmassage mit Fremdgehen gleichzusetzen sei, ist die erotische Bedeutung von Füßen kein Geheimnis mehr. Fußfetischisten gibt es viele, wie die folgenden Anzeigen zeigen:

> **Ich** (m/36) suche Briefkontakt zu WEIBLICHEN PUNKS, GRUFTIS, GOTHIX, HIPPIES und »NORMALOS« (14–30 J.), die alle eines gemeinsam haben, nämlich das Barfußlaufen. Wenn du gerne und oft auf nackten Sohlen durch die Gegend läufst, barfuß tanzt, schwarze Fußsohlen sowie schwarz lackierte Zehennägel magst, gerne Fußschmuck trägst und es dir Spaß macht, Leute durch dein Outfit zu schocken, solltest du mir unbedingt schreiben! PS: Vielleicht hast du ja noch ein geiles Fußfoto für mich (muss aber nicht sein)?

Gesucht wird in *Zillo* der ultimative Grufti: Selbst die Fußsohlen sind noch schwarz ... Allerdings hat der Barfußgeher auch noch andere dunkle Seiten, denn er sucht hier auch nach Minderjährigen mit schwarzen Füßen.

ECHT veranlagter, zärtlich-devoter Fußfetischist (der Szene nahestehend, jedoch kein Klischeegrufti) möchte die schönen zierlichen Beine und Füße einer einfühlsamen, dominanten Wave/Gothic-Frau verwöhnen. Ich beantworte jede ernste Zuschrift aus Deutschland, Österreich und der Schweiz. Gönne dir den Genuss dieser bizarren Form der Erotik (kein SM), und schreibe mir bald.

Immerhin ist das Urteilsvermögen dieses *Zillo*-Inserenten noch so gut, dass er weiß, dass er kein Klischeegrufti ist.

Der Anblick deiner schlanken **BEINE IN HOHEN STIEFELN** bringt mich (m, 50, geb., schlank) um den Verstand. Bevor der Frühling kommt, möchte ich dir (w, 40–53, geb., schlank) beim Ausziehen der Stiefel helfen dürfen. Oder du behältst sie an und ziehst alles andere aus ... SMS an 0123-456789

Ob der *Zitty*-Inserent schon einmal an ein zweites »Standbein« als Schuhverkäufer gedacht hat?

DARF ICH AN DEINEN BESTRUMPFTEN FÜSSEN SCHNUPPERN?
Hallo, liebe Damen,
ich bin ein attraktiver, sympathischer, aufrichtiger weißer Mann in den Dreißigern. Ich habe seit langer Zeit einen Wunsch, den ich mir gerne mit der richtigen Frau (Alter, Hautfarbe oder Figur egal) erfüllen würde. Gerne bin ich ihr gegenüber großzügig, auch längerfristig.
Mein Wunsch ist, vor einer Frau zu knien, die gerne Strümpfe (ein großer Fetisch von mir) mit hohen Absätzen/Rock trägt, vielleicht nach der Arbeit. Ich habe ein

Zum Glück wünscht sich dieser Inserent aus *Craigslist* für sein Vergnügen Frauen in Schuhen mit hohen Absätzen. Der Geruch von ausgelatschten Turnschuhen ist wohl selbst für ihn zu umwerfend.

Wenigstens kann die Leserin der *Süddeutschen Zeitung*, die sich auf diese Anzeige meldet, bei ihrem Einkaufsbummel unkompliziert Schuhe anprobieren.

Diese Anzeige erschien kurz vor der obigen in der *Süddeutschen Zeitung*. Entweder wimmelt es in München nur so vor Barfuß-Fetischisten oder der Inserent wagt einen neuen Versuch.

Und hier ist er schon wieder, unser Fußfetischist aus der *Süddeutschen Zeitung*. Nur gut, dass dieses Buch einen Redaktions- schluss hat, sonst müsste ich dem Herrn noch ein ganzes Kapi- tel widmen. Aber was macht der arme Kerl eigentlich im Winter?

Yi-ha! Hoffentlich wird's hier nicht zu authentisch, und es klebt noch Pferdemist an den Sohlen der Stiefel. Das wäre dann eher ein Brrrrrr...

In Bayern zählen die Waden auch noch zu den Füßen. Dort zeigt sich dieser Fetisch sogar im heimischen Liedgut: »Koa Hiatamadl mog i net, hot koane dick'n Wadln net«.

Kommen wir nun zur Oberweite: Symbol von Weiblichkeit und Fruchtbarkeit. Oder auch die beiden überzeugendsten Argumente, mit denen eine Frau einen Mann für sich gewinnen kann. Laut einer Umfrage schauen 18 Prozent aller Männer einer Frau zuerst auf den Busen. Wir behaupten: Bei den übrigen 82 Prozent stand die Ehefrau oder Freundin daneben, als ihnen diese Frage gestellt wurde. Sie suchen dann eben mit einer Anzeige nach einer »Busenfreundin« ...

> **Traum!** Ich würde sehr gerne die Erotik mit einer Frau, 30-55 J., mit großen Brüsten erleben. M, 39, 171cm, athletisch, potent, aber auch rücksichtsvoll und sensibel mit Tagesfreizeit. E-Mail: massachusetts@xyz.de

Potent und zugleich sensibel – muss man diesen *Zitty*-Leser nicht lieben?

> **Suche nette Sie mit viel Holz vor der Hütte.** Alter, Nationalität egal. Die Chemie muss stimmen. Mehr über Mail ...

Die Chemie muss stimmen. Und das Holz natürlich.

> **Attraktives Leckerchen -)** was Optik/Body/Ausstr. betrifft, m. Niveau/Stil & Leidenschaft, 49/85/181, sportl. & jung gebl. Kerl m.d. Kind noch im Manne. Du liebst es, einem Kerl körperl. überlegen zu sein, sowohl kraftvoll als auch vom Body, gerne auch sehr GROSS und MÄCHTIG- mit einer extr. und schw. OW!! Alter?, freue mich auf unverb. Anfr./Affaire gesucht** niveauvollerbusenlover@xyz.de.

Erst mal: Diese E-Mail-Adresse ist genial! Nur lieber nicht bei der Jobsuche verwenden. Und zweitens: Warum, lieber Busenlover, hast du beim Berliner Stadtmagazin *Zitty* inseriert? Wie viele japanische Sumoringerinnen dort wohl nach einem Mann suchen?

> **Sehr füllige W gesucht,** gerne 90–130 kg, mit mögl. großen Brüsten, BH-Größe D/E/H oder ähnlich? Alter und Aussehen ist zweitrangig. Auch Berlinbesucherin oder Neuberlinerin. Ich bin Französisch-liebh., gut aussehend, gebildet, 49/196 cm/schlank. Ich suche Dich für gelegentliche Treffen, fantasievolle Spiele, interessante Erotik. Gerne auch Bi – W, TEL 0123 456 7890, immerse@xyz.de

An alle fülligen Frauen mit großer Oberweite: Nun wissen Sie, was Sie bei Ihrem Berlin-Besuch außer dem Brandenburger Tor und dem Reichstag noch erleben müssen: die interessante Erotik dieses *Zitty*-Lesers.

> **BUSENfreundin gesucht**
> Hallo, ich heiße Adrian, bin 28 J. und suche auf diesem Weg eine nette BUSENfreundin für ein paar schöne Erlebnisse und vieles, vieles mehr. Dein Busen sollte im Vordergrund stehen, da ich ein leidenschaftlicher Busenliebhaber bin. Es können sich gerne Frauen mit großen Brüsten melden (ab Cup E). Freu mich auf Antworten. LG A

.Eines hat Adrian in seiner Anzeige bei *Quoka* noch vergessen zu erwähnen: Er sucht eine Frau mit großem Busen. Mann könnte auch sagen: Mega-Titten, gigantischen Hupen, Riesen-Möpsen ...

> **ERSTICK MICH MIT DEINEN BRÜSTEN**
> Ich suche eine üppige Frau, der es gefällt, wenn ich meinen Kopf in ihrem Dekolletee vergrabe und um Luft betteln muss ... Und ich möchte auch Dir Vergnügen bereiten und Deine Brüste massieren und verehren.

Dieser Inserent bei *Craigslist* ist endlich mal jemand, der nicht nur an sein eigenes Vergnügen denkt!

Du hasst BHs? – Dann liebe ich dich LOL – M, 27

... vor allem wenn du Körbchengröße C oder mehr hast, aber auch wenn du ein bisschen kleiner bist, liebe ich dich noch. Der Sommer ist da, und ich weiß, dass viele Frauen hier konservativ sind.

Ich suche nur einfach nach denjenigen, die damit ab und zu keine Probleme haben.

Ich habe einen Uniabschluss, einen Job, bin schwarz und ursprünglich aus Philadelphia – und es lohnt sich, mir zu schreiben, wenn du so jemanden wie mich suchst.

Bitte schreib »sweet« in deine Betreffzeile, damit ich weiß, dass du echt bist.

Der Mann traut sich was. In den USA, wo diese Anzeige bei *Craigslist* erschien, ist es ja schon fast ein Verbrechen, ohne BH herumzulaufen ...

Ich brauche GROSSE TITTEN ... Dicke schöne Frau gesucht von Mann, 36, Los Angeles

Also, meine Damen. Kommen wir gleich zur Sache. Ich mag ein paar hübsche Titten an einer liebevollen und anständigen Frau. Wenn es dir gefällt, dass ein netter, etwas kantiger Typ deine Titten verehrt und du keine Spielchen spielst, dann melde dich mit einem Bild und ein paar Worten über dich selbst. Ich bitte nicht um Fotos von deinen Titten, würde mich aber trotzdem freuen. Du weißt gar nicht, wie es ist, wenn ein Mann, der weiß, was er tut, deine Titten hält, küsst, daran knabbert oder leckt oder ganz sanft in deine großen wunderschönen Titten hineinbeißt. Ich weiß, dass du hier bist und dass es dich erregt, dies hier zu lesen, denn du weißt, dass es jemanden gibt, der sich um dich kümmert. Ich mache keinen Spaß, und ich meine es ernst. Ich will nur eine anständige Frau mit anständigen Titten kennenlernen. Alter und Hautfarbe sind egal. Schreib »kümmern« in die Betreffzeile, dann weiß ich, dass du kein blöder Spam bist.

Eine anständige Frau mit anständigen Titten: Wäre ja auch schlimm, wenn die Titten unanständig wären.

> **DU LIEBST BRÜSTE**
>
> Du hast bereits ein Leben, so wie ich. Wir beide wollen nur ab und zu eine Stunde mit meinen Brüsten in Größe D verbringen, die du ansiehst und mehr. Wir bleiben angezogen, nur sie darfst du sehen – hier geht es nicht um Sex, jetzt nicht und später auch nicht. Nur um das Glück der Brüste und das einzigartige Vergnügen, das sie spenden. Wir können auch das Stillen erforschen, wenn uns beiden danach ist. Bitte schreib, warum du das machen willst.

Auf diese Erklärung bin ich gespannt ... Leider wird sie uns die Inserentin bei *Craigslist* nicht verraten.

> **HÄNGENDE GROSSE BRÜSTE?** Welche W zwischen 40 und 60 zeigt mir ihre großen Brüste, ab BH Cup E? Netter, gepflegter Berliner, Ende 40, hat eine Vorliebe für Riesenbrüste und Mollige. abc@xyz.de, Tel. 0123 456789

Na gut, der Inhalt dieser Anzeige ist nur der Standard-»Großer-Busen-gesucht«-Text. Im Original im Berliner Stadtmagazin *Zitty* war dazu allerdings der vollständige Name des Inserenten plus seine Handy-Nummer angegeben. Am nächsten Tag in der Arbeit: »Na, Sven, haste ein paar Bilder von geilen Titten gekriegt? Schieb mal rüber!«

> *Heimliche Verschwörung:* Suche zuvorkommend-charmanten Mann für meine eigenwillig-stilvoll-elegante Freundin in den 40ern, der ihre Brüste (80 C) immerzu in den Mittelpunkt seiner Aufmerksamkeit setzt und mit liebevoller Unnachgiebigkeit darauf besteht, diese von zart bis hart ausdauernd zu fordern. Lass sie nicht entkommen! xyz@raubtierbaendiger.de

Ist mit dem Raubtier, das da in der E-Mail-Adresse gebändigt werden soll, die Oberweite der Freundin dieses *Zitty*-Lesers gemeint?

> **SUCHE EINE SCHLANKE FRAU ZUM VERLIEBEN!**
> Wer bin ich: Mann, 43 J., 178 cm, 74 kg, mittelblonde längere Haare, bi, Nichtraucher. Ich suche eine liebe, schlanke Frau zum Verlieben für eine langfristige, harmonische Beziehung. Ich mag am liebsten Frauen mit kleinen Busen. Freue mich über nette Kontakte. Ich habe viele Interessen und suche eine Frau, die ihr Leben mit mir teilen möchte. Mir sind Ehrlichkeit, Offenheit und Vertrauen sehr wichtig.

Und hier noch der einsame Gegenbeweis: Monatelang habe ich gesucht – bei den *Gleichklang-Anzeigen* wurde ich fündig. Voilà: Ich darf Ihnen den ersten und einzigen Mann vorstellen, der auf Frauen mit kleinem Busen steht! Und sagen Sie jetzt ja nicht: »Das ist doch ein verkappter Schwuler!« Nicht alle Männer sind so wie Sie!

> **SYMPATHISCHER JUNGER MANN, 33 JAHRE**, 1,81 groß, 85 kg, wortgewandt, humorvoll und mit einer liebevollen Art, sucht unkomplizierte, niveauvolle, schlank-mollige Sie ab 30 (gern behaart, mit Hängebrust und großem Po) zwecks regelmäßiger Treffen im Café, Park und auch im Bett. Wenn es passt, auch sehr gern mehr. 0123-4567890 o. bayserve@xyz.de

Der eindeutige Gewinner dieses Kapitels ist allerdings dieser *Zitty*-Leser: Er vereint gleich drei Sonderwünsche: üppig (na ja, eigentlich schlank-mollig, was auch immer das ist – noch unter 150 Kilo?), Haare und Hängebrust! Aller guten Dinge sind eben drei, ein wirklich sympathischer junger Mann also!

EHRLICH WÄHRT
AM LÄNGSTEN

Seine eigenen Fehler und kleinen Macken sollte man in einer Kontaktanzeige keineswegs verschweigen. So schützt man die Interessenten vor unangenehmen Überraschungen – und sich selbst vor Enttäuschungen, wenn die Liebste ein Problem mit exotischen Haustieren haben sollte.

> **M sucht M.** Du bist meine Freundin! Ich will dich oft haben. Trage BH, String-Minis. Du egal. Bin 56 J., 184 cm, 90 kg, d-blond. Berlin Süd. Treffen bei mir / Dir. Sauberkeit, Gesundheit, ohne Alkohol. Brauchst Du mich? Schreibe an Chiffre 01/1234.

Ist doch nett, dass dieser Inserent aus *Zitty* sein Faible für Damenwäsche gleich zugibt. Könnte sonst beim Ausziehen für unangenehme Überraschungen – im schlimmsten Fall sogar für Lacher – sorgen. Und »Du egal« ist auch schön ehrlich. Noch ehrlicher wäre allerdings: »Ich nehme jeden!«

> **Untergebrachter im Bezirkskrankenhaus Haar** sucht Brieffreundin für regelmäßigen, schriftl. Austausch. ZS1234567.

Auch sehr ehrlich. Indem dieser Patient zugibt, wo er untergebracht ist, nämlich in einem Fachkrankenhaus für Psychiatrie und Psychotherapie, posaunt er ja auch gleich seine Diagnose hinaus: Ein bisschen gaga. Aber wer weiß, vielleicht ist unser Patient ja bald auch verrückt aus Liebe?

> **ICH SUCHE KEINE LIEBE ...**
> Ich mache keine Liebe, ich F_I_C_K_E, und zwar hart und ausdauernd! Wenn es das ist, was Du brauchst, melde Dich! Du musst nicht gut aussehen, Du solltest nur Spaß am S_e_x haben. Meine Daten: M, Anfang 40, sportlich, gut bestückt. Zuschrift = AG.

Frauen, die auf diese Anzeige auf *Markt.de* antworten, brauchen sich hinterher aber nicht zu beschweren, dass Männer ja eh nur das eine wollen.

> *Es könnte Schlimmeres passieren.* Du könntest dein ganzes Geld bei einem Urlaubsflirt verlieren, der dir gefallen hat – bis du versucht hast, im Hotel mit deiner Kreditkarte zu bezahlen. Gebranntes Kind, das sich wahrscheinlich wieder verbrennen wird, intellektuell ein Dummkopf. Dieses Mal halte ich meine Brieftasche fest.

Pass besser auch auf deinen Zugang zum Online-Banking auf, du kleiner Trottel aus dem *London Review of Books*!

> **Kleiner, dicker, hässlicher Glatzkopf (53)** sucht kurzsichtige Frau mit großem sexuellen Verlangen.

Aber die Anzeige soll sie schon noch lesen können!

> *Alleinstehender Mann*, alt, dick, wenig Haare, viele widerliche Angewohnheiten, sucht Frau mit Geld. Bitte mit Bild von Haus, Auto, Wohnwagen. Heute könnte dein Glückstag sein!

Warum mein Glückstag? Weil ich bald mein Haus, mein Auto und meinen Wohnwagen los bin?

NICHTS passt zusammen bei mir: Ich bin ein menschen-scheuer Partylöwe, passiv dominant, unkonventionell spie-ßig, aber lieb. Zu Risiken und Nebenwirkungen lesen Sie die Packungsbeilage oder fragen Sie Ihren Arzt oder Apotheker. Der EG-Gesundheitsminister rät: Schreiben fördert die Gesundheit. Ich freue mich auf deinen Brief.

Mit anderen Worten: Bei dir weiß man nie, woran man ist.
Nebenwirkungen: Verwirrung, Missverständnisse, Streit.

Bin ein junger, dynamischer Unternehmer (31 J.), erhole mich derzeit vom Alltagsstress (Haft!). Welche adäquate Dame (gerne auch älter) hätte Lust, einen toleranten, sinnvollen Briefwechsel mit mir zu führen? Führt er uns zusammen?

Entspannen im Knast – so hat das Burn-out keine Chance!

Du suchst den Traum-Mann?

Nun, der ist aber längst aufgewacht und träumt jetzt gar nicht mehr. Doch, doch, Schatziputz, Du hast schon richtig gelesen, aber wohl leider die Überschrift ein bisschen falsch interpretiert.

Ungefähr die letzten 30 Jahre ... träumte ich davon, endlich eine liebevolle Freundin zu finden – aber stets vergebens. Zurückhaltend wie ich war, sprach ich nur selten eine an, wenn doch einmal, dann erntete ich nur Körbe und Ablehnung, und das jahrein, jahraus. Zugegeben, ich war kein Prinz und bin es auch heute nicht, sondern eher das Gegenteil. Aber weder war ich dumm oder dick ... und ein arrogant-egoistisches A-loch war ich schon gar nicht, was machte ich also verkehrt? ... Mangelnde Selbstsicherheit. Daran musste ich arbeiten. O.K. – ist erledigt!

Was gilt es also jetzt zu finden? Na ja, eine hübsche 20-Jährige, die sich für mich interessiert, wäre schon mal nicht verkehrt. Oder zumindest eine gut aussehende 40-Jährige, die noch wie 20 aussieht. Also bei der Zuschrift bitte das Bild von Dir nicht vergessen, denn ich tappe nicht gern im Dunkeln. ... Ich biete Dir genau dasselbe, was ich von Dir erwarte: ... »jemand, der mit beiden Beinen im Leben steht«. – Aber selbstverständlich, meine Beste, ich kann Dir versichern, ich sitze nicht im Rollstuhl. Wie bitte, das war zynisch? Schon möglich, aber Nettsein war gest...

Nettsein war gestern und hat zu nix geführt, heute provoziere ich lieber.
Also, gib Dir einen Ruck ... und schreib mir einen gehörig gepfefferten
Brief. Immerhin hat dieser Kerl Dich mit »Schatziputz« tituliert, so was
kannst Du unmöglich auf Dir sitzen lassen.

Aber wenn Du Dich darauf einlässt, dann sei schon mal vorgewarnt
— ...Kritikfähigkeit ist eine Grundvoraussetzung, und es schadet
keinesfalls, wenn Du zu denen gehörst, die in der Lage sind, die Ironie
zwischen den Zeilen herauszulesen.

Auf was ich allerdings wirklich gerne verzichte, ist eine ... von jenen
Frauen, die Respekt mit Schwäche gleichsetzen und den Mann dann
insgeheim dafür verachten. ... Ich will damit zum Ausdruck bringen,
dass ich keine Lust auf dumme Spielchen habe, sondern Dich vielmehr
zu einem richtigen Spiel einladen möchte. Einem, bei dem es nichts zu
verlieren gibt, sondern nur zu gewinnen — nämlich (vielleicht) wahre
Liebe und jede Menge Spaß am Leben.

Natürlich freue ich mich über jede ernst gemeinte Zuschrift, über
heitere aber noch viel mehr.

Also dann bis neulich!

Dein Schatzi / oder Putzi (Unzutreffendes einfach streichen)

Dieser so gebildet formulierende Herr macht auch kein Geheimnis aus seinem Lebensmotto: Nettsein war gestern! Ob er tatsächlich so die 20-Jährige findet, die nach 16 aussieht? Ach, träum weiter, lieber Schatzi! Oder war es doch Putzi? Ach, bei den *Gleichklang-Anzeigen* ist das doch egal!

Christliche Swingerin, 36, brünett, 1,62 m groß, sucht Mann. Ich bin Nichtraucherin, heterosexuell, ehrlich, vertrauenswürdig, freundlich, leidenschaftlich, liebevoll, abenteuerlustig, romantisch, witzig, sehe gut aus und liebe das Landleben. Ich mag: Küssen, Spazierengehen, Händchenhalten, Nacktbaden, Reiten, Angeln ...

Eine nette, sympathische Frau. Und eine echte Christin: Denn sie liebt ihren Nächsten wie sich selbst.

LIEBENSWERTER MANN: 44 Jahre; 182 cm; 65 kg und NR; PLZ-Bereich 75
sucht gleichgesinnte Frau an seiner Seite, für jetzt und immer, mit Familienwunsch. Ich möchte gerne zusammen mit dir etwas erleben. Was mich interessiert: Bäume, mein Garten, der Naturschutz, Planetarien, Geschichts- und Naturkundemuseen, die Kunst des Mittelalters und andere Dinge. PS: Ich bin weder Vegetarier noch Esoteriker.

Dieser Mann, der hier bei den *Gleichklang-Anzeigen* sein Glück sucht, ist nur bedingt ehrlich. Er schreibt zwar »Ich bin weder Vegetarier noch Esoteriker«, und das mag auch stimmen. Was er aber eigentlich meint, ist: »Bitte bloß keine Vegetarierinnen und Eso-Tanten!«

Idealistische Akademikerin (33), die alles besser weiß, 33, freilufttauglich und pläsierlich, sucht stinknormalen Traummann (NR) bis 40 (sandmann- und traumzauber-baumerprobt), der sie unerschrocken zum Lachen bringt. Zuschriften mit Bild an transatlanticism@xyz.de.

Das kommt davon, wenn man Frauen studieren lässt: Sie wollen alles besser wissen wie diese *ZEIT*-Leserin! Die wissen dann so-gar, was ein Traumzauberbaum für ein interessantes Gewächs ist.

Wilder, verrückter Serienmörder!!! – 35, Reseda
Ist nur ein Witz. Uniabschluss, noch nie verhaftet, Nichtraucher, Nichtautobesitzer, nicht arbeitend im Moment – aber wer tut das schon?
183 cm, groß und außer Form, aber sauber, klug und unkompliziert und kein Computerspieler. Ich mag nur Leute, für die Hautfarbe keine Rolle spielt.
Bild gegen Bild, Hautfarbe egal, 24–34, Gewicht sollte zur Größe passen, keine Brille, Nichtraucher, wie ich kein Auto – oder was auch immer.
Schreiben wir uns erst ein bisschen, bevor wir Bilder austauschen. Bin auf der Suche nach einer Beziehung. Keine Rubensfrauen, keine Transvestiten, darauf stehe ich nicht, aber kleine dunkelhaarige Frauen sind toll!

Ja, wer tut das schon, arbeiten? Komische Menschen, die Geld verdienen wollen, um sich zum Beispiel ein Auto zu kaufen. Doch dieser *Craigslist*-Nutzer weiß, was er will: mit seiner Zukünftigen zu Fuß gehen oder Rad fahren. Was in Los Angeles nicht so einfach werden dürfte ...

Komm, lass uns leben!

Ich werde lieber für meine Ehrlichkeit gehasst, als mir mit Lügen Freundschaft oder Liebe erkaufen zu müssen. Also stell mir nie eine Frage, solange du nicht bereit bist, eine Antwort zu hören, die dir nicht gefällt. Suche F ca. 40–52 Jahre, die einigermaßen schlank ist und nicht raucht. Trau dich!!! l.g. dein Fels in der Brandung!!!

So verhindert dieser *Quoka*-Inserent, dass ihm seine Zukünftige unangenehme Fragen stellt: Wo kommst du jetzt her um 2 Uhr morgens? Nach wessen Parfum riechst du? Und wer ist diese »Mandy«, die dir so zweideutige SMS schickt? Sie wollen die Antworten nicht hören? Dann fragen Sie lieber nicht und lassen den Fels in der Brandung einfach tun und lassen, was er will.

CHRISTLICHE FRAU SUCHT CHRISTLICHEN MANN. Muss aufgeschlossen sein für psychische Störungen – ich höre zwar Stimmen, habe mich aber unter Kontrolle.

Vielleicht solltest Du mal beten, dass die Stimmen verschwinden? Oder es sind die Stimmen deiner Gebetsschwestern, die in fremden Zungen reden?

MIR IST LANGWEILIG – MANN, 21, NEW YORK

Die Uni nervt, die Arbeit auch. Es wird langsam Zeit, jemanden zu finden, der meine Interessen teilt. ... Ich stehe auf schlanke, weiße Mädels. Ich will hier nicht wie der letzte Depp rüberkommen, aber körperliche Anziehung ist nun einmal wichtig. Ich bin eigentlich ganz nett und kein Arschloch .... Ich bin nicht doof, aber auch nicht wirklich hip. Ich zieh nur einfach mein Ding durch. Ich mag ~~...~~ ~~...~~ stehe ich auf Metal aus den

Arschloch .... Ich bin nicht er…
lich hip. Ich zieh nur einfach mein Ding durch. Ich mag
Musik, hasse aber Rap. Dafür stehe ich auf Metal aus den
80ern und Classic Rock. Meine Größe passt zu meinem
Gewicht, und ich habe braunes Haar und braune Augen
(wie langweilig). Bitte sei interessant. Du musst wirklich
interessant sein und mich auf Trab halten. Wenn du ein
bisschen komisch bist, ist das völlig okay, denn ich bin
vermutlich auch nicht ganz normal. Es ist schon seltsam,
dass ich diese Anzeige aufgebe. Genauso seltsam ist aber,
dass du darauf antwortest. Das passt aber schon so, denn
ich urteile nicht über andere. Ich esse gerne! Ehrlich, und
ich koche auch gerne jeden möglichen Scheiß. Ich nehme
keine Drogen. Ich halte Marihuana für eine Droge, aber
das habe ich schon lange hinter mir. Onanieren macht mir
auch Spaß (hey, ich bin wenigstens ehrlich). Ich habe eine
Hassliebe zu meinem Hund. Manchmal ist er ein echter
Arsch. Die Chance, dass ich eine Frau finde, die mich
interessiert und die sich für mich interessiert, ist winzig.
Aber scheiß drauf. Ich habe nichts zu verlieren und du
auch nicht. Wenn du also glaubst, dass du dich gerne mit
mir unterhalten würdest, schreibe mir einfach eine Mail …

Ja, dieser Inserent auf *Craigslist* ist wirklich ehrlich. Da kann
man nichts mehr sagen.

Nur weil du mein Essen bezahlst, muss ich noch lange
nicht mit dir schlafen. Aber wahrscheinlich schlafe ich schon
mit dir. Opportunistischer Mann (38), der kein Problem mit
Ehrlichkeit hat.

Meine Damen, Sie sind gewarnt!

**FREUNDSCHAFT GESUCHT! KEIN SEX … (BIN
IMPOTENT) – MANN, 48,** Long Island/New York
Wegen meinem Diabetes bin ich impotent. Trotzdem sehne ich
mich nach Freundschaft, Zärtlichkeit, Nähe usw. Alter, Hautfarbe und Gewicht sind unwichtig. Hast du Fragen? Bist du
interessiert?

Alle Frauen, die in ihren Anzeigen nach Partnern suchen, bei denen das Eine gar nicht funktioniert oder gar nicht wichtig ist: Ladys, hier ist Ihr Mann! Die Damen mit der No-or-Low-Sex-Policy würden doch perfekt zu diesem *Craigslist*-Inserenten passen!

> **Total** abgebrannter, aber **glücklicher** und **optimistischer** Architekt, 37, 1,80 m, sucht attraktive, intelligente Frau für warme und liebevolle (und kostengünstige!) Beziehung. Box 1234.

Im Klartext: Wenn wir uns verabreden, zahlst du, Baby! Das will uns der Architekt im Londoner Stadtmagazin *Time Out* nämlich wirklich sagen.

> **ALLEIN IM FRÜHLING – DAZU HABE ICH KEINE LUST**
> Welche normale Frau zwischen 45 und 55, ohne psychische Probleme und unbewältigte Altlasten, sucht einen fast normalen Mann? Allein ist es im Himmel nicht schön. Deswegen suche ich fast himmlisches Wesen, aber keinen Engel, die sind mir zu brav. Sehne mich ganz einfach nach einer aufrichtigen und liebevollen Partnerschaft. Sie sollte Partnerin, Freundin und Kamerad sein. ... Bin Ü-50er, 183 cm, 87 kg, Nichtraucher, Wenigtrinker, Hobbykoch, nicht zu sportlich, habe weder Bart noch falsche Zähne, liebe Reisen, die Natur und vielleicht bald dich! Es ist schade um jeden Tag, den wir verstreichen lassen. Deswegen habe Mut und melde dich unter ZS123456 an SZ.

Dieser Mann hat es erkannt: Fast himmlische Leserinnen der *Süddeutschen Zeitung* fühlen sich von einem Mann ohne Bart und falsche Zähne sicher angezogen.

> *Liebenswerte Zicke*
> Damit fängt es schon an. Puuuuh. Suche noch den humorvollen, mit viel positiver Lebenseinstellung, spontanen Mann aus meiner Ecke, mit dem ich gern meine Freizeit verbringen mag. Reisen, quatschen, weggehen oder einfach...

> ...neine Freizeit verbringen mag. Reisen, quatschen, weggehen oder einfach nur Blödsinn machen. Selbstdarstellung. Also ich finde mich total okay! :-) Bin schon ü 45. Na und! Gerne möchte ich mich mal wieder verlieben – mit allem, was dazugehört. Microsoft würde sagen: »Das System ist optimal konfiguriert! Festplatte in sehr gutem Zustand. Sämtliche Zusatzprogramme vorhanden und natürlich updatefähig!« Meine Eckdaten: 163/61/1/1/1. (cm/kg/Haus/Auto/Hund). Kontonummer: Zürich). :-) Und ganz wichtig: Ich bin eine Frau. Mit allen Konsequenzen. Ach ja, und ich rauche!

So viel Ehrlichkeit, wie sie diese *Quoka*-Inserentin an den Tag legt, muss belohnt werden. Also bitte: Wo ist der Mann für sie? Die meisten Männer haben aber vermutlich schon beim Wort »Zicke« zu lesen aufgehört ...

> **Eine an die Pharmaindustrie verkaufte Frau** sucht attraktives, gleichaltriges, intelligentes und solides Nebeneinander. Stud. ist keine Voraussetzung. Experimente nicht nötig. Bin 51 Jahre, gut aussehend. Bitte nur ernst gem. Bildszus. unter ZS1234567.

Diese Frau ist zwar ehrlich, wirft mit ihrer Beschreibung jedoch auch eine große Frage auf: Was heißt »an die Pharmaindustrie verkauft«? Arbeitet sie in der Apotheke? Stellt sie sich für Medikamententests zur Verfügung? Schluckt sie Tabletten vom Abführmittel bis zu Psychopharmaka? Oder kann ihr potenzieller Partner über sie günstig Viagra beziehen? Die Leser der *Süddeutschen Zeitung* werden es herausfinden.

> **Ich möchte eine kostenlose Mahlzeit ...**
> Ich bin dick, pleite, hässlich, einsam und mir ist langweilig. Aber ich habe Prinzipien, also schick mir ein Bild, sonst antworte ich nicht.

Was bleibt einem sonst, wenn man dick, pleite und hässlich ist: seine Prinzipien. Nur wird man von denen leider nicht satt.

Die E-Maii-Adresse dieser Inserentin aus der *Süddeutschen Zeitung* verrät ihren wahren Frust bei der Partnersuche.

Komisch, dass Sprüche wie »Eigentum verdirbt den Charakter«
immer nur von den Menschen kommen, die kaum Eigentum
haben! Aber soo negativ klingt das, was dieser *Quoka*-Inserent
da schreibt, doch auch wieder nicht. Nichtschwimmer und Skor-
pion-Allergiker sind doch nicht soo die Ausschlusskriterien.

In meinem Kopf habe ich Größe 36. Esssüchtige Frau, 52, möchte gerne einen Mann bis 25 kennenlernen, für den der Satz »Schönheit ist vergänglich« sowohl Lebensstil als auch religiöse Überzeugung ist. Chiffre 1234.

In meinem Kopf bin ich Multi-Millionärin und lebe auf Hawaii. Warum sitze ich dann trotzdem hier und schreibe dieses Buch? Vielleicht kann mir diese Inserentin aus dem *London Review of Books* Auskunft geben!

Gründe, warum ich einfach toll bin (oder »Der Versuch eines asiatischen Nerds, egoistisch zu sein«) – M, 31, Midtown West

Kontaktanzeigen können in ein paar allgemeinen Sätzen kein richtiges Bild von einer Person vermitteln. … Also widersetze ich mich dem Trend des Kürzens und der nichtssagenden Kontaktanzeigen und nenne dir ein paar Gründe, warum ich einfach toll bin.

• Ich bin 31, sehe aber sehr viel jünger aus! Das ist der Zauber der asiatischen Gene …

• Ich bin ehrlich! Ein Mädchen, das ich mochte, erzählte mir, dass sie sich gerade in einen anderen verliebt hatte. Darauf sagte ich: »Oh, toll. Aber insgeheim wünsche ich ihm den Tod.«

• Ich bin ein kleiner Nerd! Ich bin mit Star Trek (TOS, TNG, DS9, Voyager, Enterprise und die Filme, sogar der »moderne«, »trendige« neue hat mir gefallen) aufgewachsen. … Außerdem würde ich mir immer noch gerne meine eigenen Computer bauen, wenn es nicht das neue MacBook Air geben würde. Das bedeutet auch, dass ich die Fähigkeiten habe, die man braucht, um die Rechnungen bezahlen zu können.

• Ich habe für ein Start-up gearbeitet, dann für eine lässige digitale Agentur und arbeite nun wieder bei einem Start-up. In meinem ersten Start-up schossen alle mit Schaumstoffbällen um sich, und man konnte auf einer Couch ein Nickerchen halten. In der Agentur spielten wir mit ferngesteuerten Hubschraubern und feierten etliche Partys mit Bierfässern. Und im aktuellen Start-up habe ich … keinen festen Schreibtisch, doch dafür habe ich in der zweiten Arbeitswoche Bourbon mit meinen Kollegen … im Büro getrunken. Ich glaube, dass ich mir meine Jobs gut auswähle.

• Ich habe ein bisschen schriftstellerisches Talent! Wenn ich also je den Durchbruch schaffen sollte, sicherst du dich mit mir finanziell ab. Also? Also? (deutliche Frage)

• Meine Freunde sind verrückt! Eine Freundin drohte mir einst, sämtliche Körperglieder zu entfernen und mich in den Straßengraben zu werfen. Ein anderer sagte zu mir, als ich ihm etwas beschrieb: »Erklär mir das noch einmal … aber so, dass es Sinn macht.«

• Ich bin theoretisch ein Feinschmecker! Ich esse gerne alles, habe einen 20 Jahre alten Cabernet Sauvignon getrunken (und zwar gerne) … und weiß, wie verrückt es ist, wenn ein Lokal einen Michelin-Stern bekommt. Trotzdem gehe ich gerne Pizza oder Sandwiches essen, zu McDonald's und leere mit anderen einen Krug Bier, weil auch dieses Essen befriedigt. Außerdem bin ich kein versnobter Hipster.

• Ich bin entspannt, dabei aber subtil modisch! Meistens trage ich ein bedrucktes T-Shirt, … ⌐… und Jeans, aber manchmal kremple ich die Ärmel hoch, stecke mir einen subtil …

befriedigt. Außerdem ...

• Ich bin entspannt, dabei aber subtil modisch! Meistens trage ich ein bedrucktes T-Shirt, ein Hemd und Jeans, aber manchmal kremple ich die Ärmel hoch, stecke mir einen subtil gestalteten Ring an (vielleicht auch ein Armband oder eine Kette), und wenn das Wetter passt, kommt noch eine Kappe dazu, mal richtig, mal verkehrt herum getragen, je nach Stimmung. Außerdem weiß ich, dass Baumwolle nicht immer kariert sein muss …

• Ich bin witzig! Und diese Anzeige beweist das, oder etwa nicht?

• Ich nehme mich überhaupt nicht ernst! Aber das hast du wahrscheinlich schon selbst festgestellt.

Also, jetzt bist du dran, Schätzchen. Klick auf »Antworten«, erzähl mir etwas über dich, gerne auch etwas Tolles (über dich oder auch nur allgemein etwas, das du cool findest), und dann sehen wir schon, ob wir eine Zukunft haben: als sehr jung aussehendes, brutal ehrliches, klugscheißerisches, reiches, entspanntes, kultiviertes, aber nicht zu kultiviertes und brüllend komisches, aber auch total bescheidenes Paar.

Völlig unverständlich, warum dieser bescheidene *Craigslist*-Nutzer noch keine Frau hat.

> **Ich kann nicht kochen**, ich will Deine Mutter nicht kennenlernen und überhaupt bin ich (35, 170, 56) nicht heiratstauglich. Dafür bin ich ganz gut im Bett. Ist das denn heute etwa gar nichts mehr wert?! Na also. BmB an: haettemichauchgewundert@xyz.com

Dieser *Zitty*-Leser hat völlig recht: Die Leute sind heute so oberflächlich und wollen immer gleich kochen oder heiraten. Einfach nur guten Sex will heute niemand mehr.

> **ALLE WOLLEN IMMER NUR DAS EINE**: Ins Theater gehen, Radtouren machen, Tanzen lernen … - Das musst Du, W, möglichst mit weibl. Formen, mit mir, M, 42, 2 m, athletisch-schlank, attr., alles nicht. Lass uns einfach nur eine heiße Affäre haben. Neugierig? Mitte@xyz.de.

Ins selbe Horn bläst dieser *Zitty*-Leser. Es gibt einfach niemanden mehr, der eine heiße Affäre zu schätzen weiß.

> **HERZ, MEIN HERZ, WAS SOLL DAS GEBEN …**
> So manches bin ich (z.B. 60, 178, Vegetarier …), vieles aber bin ich nicht (z.B. oberflächlich, unpersönlich …). Ich habe manches (z.B. Fragen ohne Antworten, ein waches

aber bin ich nicht (z.B. oberflächlich, unpersönlich …). Ich habe manches (z.B. Fragen ohne Antworten, ein waches Innenleben, vielleicht Herz und Verstand …), habe aber vieles nicht (z.B. grobe unerschütterliche Gewissheiten …). Ich mag einiges (z.B. weite geistige Horizonte, Regen und Wind in den Bäumen, die scheinbare Monotonie ewiger Meeresbrandung, Bücher, Musik, unverstellte Herzlichkeit, Wachheit …), anderes wiederum mag ich nicht (z.B. das selbstgerechte Lärmen guter Menschen …). Ich bin anders (wie glücklicherweise jeder Mensch anders ist). Und – ich hege einen stillen, möglicherweise einfältigen Traum, der leicht fasslich so geht: zu lieben und geliebt zu werden.

So manches mag ich an dieser Anzeige in der Kontaktbörse auf www.naturkost.de [z.B. dass der Verfasser ehrlich ist], so manches aber auch nicht [z.B. dass er nicht sagt, welche Art von Frau er eigentlich sucht].

Wenn du Angst vor heftigem Versöhnungssex hast, bin ich nicht die Richtige für dich (grobknochige Amateur-Wrestlerin, 62). Chiffre 1234.

Muss man mit dieser Amateur-Wrestlerin immer um jedes Thema und jede Entscheidung ringen, da es so oft zu Streit und anschließender Versöhnung mit Bettgymnastik kommt?

JA, ICH WEISS
Standort:D-10405 Berlin Prenzlauer Berg
Du bist eine Frau über 45 und bist auf der Suche nach einem Mann für eine feste Beziehung, oder? Gut. Wie denkst du darüber: Auf der Suche nach dem Richtigen kannst du dich auch von dem Falschen ausfüllen und befriedigen lassen! Bis du den gefunden hast, den du suchst, was ja auch länger dauern kann!? Oder?

Ich finde es immer ganz toll, wenn irgendwelche *Quoka*-Leser wissen, was gut für mich ist!

Seemann sucht Nixe

Na Du Nixe? Hier auf Gleichklang gelandet und auch auf der Suche. Genauso wie ich ... das ist schon mal unsere erste große Gemeinsamkeit :-) Ich heiße Paul und wohne in der direkten Nähe von Hamburg in 21465 Reinbek. Falls Dir das nicht zu weit weg ist, kannst Du jetzt weiterlesen. Ich suche hier nicht nur die große LIEBE, nein, jetzt nicht pathetisch werden, sondern auch andere nette Gleichgesinnte für gemeinsame Unternehmungen, Diskussionen, Wanderungen am Busen der Natur, Unternehmungen, Freundschaften, Romanzen (ja ich habe eine romantische Ader) ... u.v.m. Bin gegenüber Vegetariern aufgeschlossen (ich esse nicht in ihrer Gegenwart Tiere) und mag keine stark übertriebene Esoterik. Meinereiner ist als Atheist ein Fan von Arthur Schopenhauer und von daher extrem überzeugt nichtreligiös mit der Ausnahme, dass ich Buddhismus sympathisch finde und gegenüber religiösen Menschen Toleranz zeige, denn was können die schon für ihre Minderentwicklung auf ihrem individuellen evolutionären Weg vom Affen zum Menschen :-) Wenn Du also einen lustigen Menschen mit schwarzem Humor kennenlernen möchtest, okay, schreib doch mal 'ne Mail.
Hoffentlich hast Du auch keine Katzenhaarallergie. Das würde mein Partner Anubis nicht lustig finden. :-(
Zum Beweis noch mein altes Matrosenfoto.
Tja, echt Seemann. Und DU ? Echt Nixe?

Das nenne ich echte Toleranz, wenn man Andersgläubige als »Minderentwickelte« bezeichnet. Und was an einer Nixe so erotisch sein soll, weiß ich allerdings nicht: schuppig, glitschig und einen richtigen Unterleib hat sie auch nicht. Aber vielleicht hat unser Seemann ja schon andere Erfahrungen gemacht?

ENTWEDER – ODER

Du bist eine Frau und ... Du findest es toll, allein am Frühstückstisch zu sitzen?! Du bist der Meinung, ein Einzelbett ist viel praktischer, da es nicht so viel Platz wegnimmt?! Du

stückstisch zu sitzen?! Du bist der Meinung, ein Einzelbett ist viel praktischer, da es nicht so viel Platz wegnimmt?! Du fährst gern allein Rad?! Du meinst, der Beifahrersitz in Autos ist total fehl am Platz?! Du bist der Meinung, Kino allein ist viel witziger?! Du schläfst gern allein ein, weil Dir viel Platz im Bett sehr wichtig ist?! ... dann wünsch ich Dir weiterhin viel Spaß in deiner kleinen, einsamen Welt! Alle anderen weiblichen Wesen – Welcome to my life!!!

Wieder mal ein Beispiel für eine Kontaktanzeige, die viel labert, aber eigentlich nichts aussagt: Wer ist der Mann? Welche Art von Frau sucht er? Immerhin verrät er uns ausgiebig die Vorzüge des Singlelebens, so ein Doppelbett ist ja wirklich schwer beim Umzug, und auf dem Beifahrersitz lässt sich wirklich gut die Handtasche abstellen ...

Ich bin ein **34-jähriger Bibliothekar** an der Universität und habe dunkle, glatte Haare und dunkelbraune Augen. Ich sehe ungefähr so aus wie eine billige Version von Dan Aykroyd. Ich trinke nicht, rauche nicht, und auf Partys kann man nicht viel mit mir anfangen. Je mehr Leute beisammen sind, desto unwohler fühle ich mich. Ich versuche, witzig und charmant zu sein, doch meistens bin ich etwas abseitig und schwer zu verstehen. Außerdem bin ich ein kleiner Geek, ich verpasse keine Folge von »Akte X« und – ähem – soll ich jetzt meine Comic-Sammlung erwähnen? Ich habe ein oder drei Verabredungen gehabt, aber meine Schüchternheit und mein mangelndes Selbstvertrauen steht mir dabei im Weg. Ich finde es schon schwer, nur diese Anzeige zu schreiben.

Wahrscheinlich hat ihn sein Mut nun ganz im Stich gelassen. Denn unser schüchterner Bibliothekar aus Florida hat in seiner Anzeige in *Esquire* vergessen zu schreiben, wonach er eigentlich sucht: Frau, Mann, Alligator?

KEINE SEXY KLEIDER am Körper und nicht (nur) im Schrank, statt schwarzen Strümpfen und Klamotten aus schwarzer Spitze werden KiK-Sachen gekauft (und geprahlt, wie billig es war), nicht klug, nicht stark, keine eigene Meinung, … nicht selbstbewusst, unattraktiv, zu dick, kein eigenes Zuhause, keine Hobbys, keine Freunde, immer anständig sein, ungepflegt, nicht erfolgreich, finanziell abhängig, kein Fahrzeug, keine Pläne, keine Ideale, keine Weltanschauung, … Fahrradfahren und Wandern ist mein liebstes Hobby, … für richtige Arbeit mit den Händen zu fein, … Streicheleinheiten sind lästig, keine Fantasie, Sex hat nichts mit Empfinden zu tun, Sex wird lästig empfunden …
Wer will so eine Frau??? Dann bitte nicht antworten!!! Bin auf der Suche nach einem Mann, der genau die Kehrseite mag. Der sich die Zeit nimmt, dies auch auszuleben! Sich auf mich freuen, trotz Job! Gern mit langen Haaren, ab 1,80 und um die 50, unkonventionell. Noch Fragen? Oder Wünsche?

Diese Inserentin bei den *Gleichklang-Anzeigen* beschreibt, wie sie nicht ist. Dagegen ist erst einmal nichts einzuwenden. Aber weiß sie, was sie da von den Männern verlangt? Die müssen jetzt die ganze Anzeige noch mal lesen, um herauszufinden, wie die Frau eigentlich ist. Und das ist anstrengend …

Ihr seid doch alle verrückt – Frau, 39, Upper East Side

Aber sind wir das nicht alle? Schließlich schreibe ich auf Craigslist. Wenn das kein Beweis ist, dann weiß ich auch nicht. Das muss ich mit meinem Therapeuten besprechen. Tatsächlich hatte ich schon zwei (und zwar fast normale!) Beziehungen mit Männern, die ich bei Craigslist kennengelernt habe, also darf ich mich eigentlich nicht darüber lustig machen. Aber stundenlang Penisfotos (und ja, ich speichere sie – verklag mich doch) durchzusehen, nervt ganz schön. Seien wir ehrlich: Ich bin nicht ganz einfach. Ich bin unerträglich, wenn ich getrunken habe, aber dafür trinke ich

Seien wir ehrlich: Ich bin nicht ganz einfach. Ich bin unerträglich, wenn ich getrunken habe, aber dafür trinke ich nicht oft. Ich rauche viel zu viel. Ich bin ziemlich in meinen Gewohnheiten festgefahren. Doch mit mir kann man viel Spaß haben, ich bin ziemlich hübsch und habe auch Fotos, die das beweisen können.

Die Fakten: 1,72 m, braune Haare, grünbraune Augen, alleinlebend.

Was ich will: Ich gebe es offen zu: größer als ich, witziger als ich, braucht mich nicht, um seine Klamotten auszusuchen, hat einen Job und braucht mich nicht, um seine Altlasten herumzuschleppen. Pluspunkte, wenn du einen Akzent hast. Ich liebe ausländische Akzente. Wie alle Frauen. Jede, die etwas anderes behauptet, lügt. Idealerweise wohnst du in Manhattan (denn die S-Bahn mag ich nicht, und Queens macht mir Angst), bist ungefähr so alt wie ich und hältst mich für die coolste Frau, die du je kennengelernt hast. Schreib mir!

Die Frau hat Glück, ihre Muttersprache ist Englisch, und zwar amerikanisches. Und da kann ein australischer oder nobler britischer Akzent schon ziemlich sexy klingen. Wenn sie sich dagegen mit Sächsisch oder Schwäbisch herumschlagen müsste …

SCHLAMPE in der Küche, Köchin im Schlafzimmer: Frau mit gemischten Prioritäten (37) sucht Mann, der einen Salat schleudern kann.

Hm, was ist das sexuelle Äquivalent für »einen Salat schleudern«? Wo man in der Küche doch so viel Schmutziges machen kann!

Ein bisschen verrückt. Frau, 50, NY

Obwohl ich keinen Mann brauche, um mich vollständig zu fühlen (ein Martini tut's schon), vermisse ich subtiles Flirten, witzige Wortwechsel, wunderbaren Blickkontakt und den perfekten Menschen, den man ärgern kann. Einen Freund vom anderen Geschlecht zu haben ist schwer zu beschreiben, aber es funktioniert irgendwie. Eine Trennung im Herbst führte zu einem Winterblues, und nun bin ich bereit für einen neuen Sommer…

Wenn ich mir die Paare in meinem Bekanntenkreis so ansehe, hat diese *Craigslist*-Leserin schon recht: Der größte Vorteil einer Beziehung ist, einen Menschen zu haben, den man ärgern kann. Und wenn man verheiratet ist, kann dieser Mensch auch nicht so einfach weglaufen.

WALMÜNCHNER 51/191/110, NR, sucht natürl., ehrliche, warmherzige, ruhige Lebensgefährtin. Ich mag Literatur, Geschichte, Kulturreisen nach Nord-/Osteuropa, Radtouren, Städtereisen. Zuschriften bmB unter ZS11234567.

Ob hinter dem »Wal-Münchner« nicht vielleicht ein Freud'scher Verschreiber steckt, der auf die Figur dieses Lesers der *Süddeutschen Zeitung* hindeutet?

Danach suche ich ... F, 31, Suffolk/New York
Ich habe schon einmal eine allgemeine Anzeige online gestellt, habe aber zu viele Fotos von Schwänzen bekommen. E-Mails von Männern, mit denen man sich auch unterhalten kann, waren kaum dabei.
Ich suche einen WEISSEN Mann zwischen 27 und 40, der NICHT verheiratet ist, aber eines Tages heiraten will. Ich bin klug, nicht verrückt und habe einen Job (das Gleiche sollte auch für dich zutreffen). Ich habe eine Wohnung und ein Auto, und du sollst das bitte auch haben. Ich suche keine 40-Jährigen, die immer noch bei Mama leben ... werdet endlich erwachsen. Wenn du ES nicht ungefähr dreimal am Tag machen willst, und zwar für den Rest des Lebens, dann bin ich wahrscheinlich nicht die richtige Frau für dich ...

Fotos von Schwänzen scheinen ein Problem bei *Craigslist* zu sein. Und dann wohnen die Typen auch noch bei Mama. Wie sie ihr wohl erklären, was sie da neben den Urlaubsbildern auf dem Fotoapparat gespeichert haben?

WO FINDE ICH DICH, Du liebenswertes Geschöpf, die all mein Sehnen auch noch in ihrem Herzen trägt? Bin zwar 70er, jedoch wie 60er fühlend und aussehend, 1,75 gr., schlank, mittelblond, nie geraucht, noch getrunken, mittlere BfA-Rente, sehr natur- und tierliebend, feinfühlend, kein grober Klotz, Foto-Freund, im Leben anspruchslos. Im Nehmen u. Geben der Hingabe unserer jung gebliebenen Herzen möchte ich noch so gern Erwiderung finden, glücklich machen, um es selbst zu sein! Bin verw. Der mehrjährige Versuch, eine Partnerschaft aufzubauen, scheiterte am Hang zum Alkohol und dessen Folgen. Ich fahre mehr als 30 Jahre unfallfrei Pkw; mein Wagen ist neuwertig. Sollten meine Wünsche bei Dir ein Echo finden, so erbitte ich eine ehrliche Darlegung Deines Wesens, Deiner Wünsche u. Verhältnisse sowie ein Foto neueren Datums. **Ein Zuhause in ruhiger Lage ist mein Wunsch.**

Die finanziellen Verhältnisse wären schon mal geklärt. Auch das mit dem Auto ist toll. Eine Frage habe ich jetzt aber noch: Das mit dem Alkohol – waren Sie das oder Ihre damalige Partnerin?

Freunde beschreiben mich als intelligent, charmant, nett und lustig, wenn ich ihnen Briefumschläge voller Geld gebe oder androhe, ihre Haustiere zu stehlen. Ich habe viel Einfühlungsvermögen. Ich bin sehr zärtlich, massiere dich gerne, und es ist mir völlig egal, wer uns Händchen halten sieht. ...
Ich lese gerne, liebe jede Art von Musik und spiele auch ein paar Instrumente ...
Ich verstehe den »Penis« als ein Teil vom Wort »Happiness«. Physik, Neurologie, das Universum und die Fliegerei faszinieren mich – eines Tages werde ich einen Flug ins All buchen. ...
Körperlich bevorzugst du maskuline, dominante Männer. Ab und zu bringe ich vielleicht meine Augenbrauen in Ordnung oder ziehe mir einen Rasierer durchs Gesicht, aber ich entferne nicht meine Haare an Brust/Beinen/Körper, um die Grenzen zwischen den Geschlechtern zu verwischen, nach dem Motto: »Wow, ist der/die aber hübsch. Ob er/sie wohl einen Penis/eine Vagina hat?« ...

Wer sagt denn, dass man bei *Craigslist* keine echten Romantiker finden kann? Es gibt doch nichts Schöneres, als wenn ein Mann dich so sehr liebt, dass er dir die Füllung herausquetscht!

Dieser Inserent in der Kontaktbörse auf der Seite www.natur-kost.de fordert Ehrlichkeit von sich und seiner Partnerin. Das ist schon mal eine gute Voraussetzung für eine Beziehung.

Vielleicht ist der Grund, warum dieser Inserent in der *Süddeutschen Zeitung* derzeit im Knast sitzt, dass er den Unterschied zwischen »mein Haus, mein Boot, mein Auto« und »dein Haus, dein Boot, dein Auto« nicht so genau kannte.

> *Okay, ich geb's ja zu: Ich habe ein Problem. – Mann, 32, NYC*
> Ich beobachte liebend gerne Menschen und habe
> eine fiese, sarkastische Ader. Ich finde es lustig, wenn
> Menschen ausrutschen und hinfallen, stolpern oder wo
> dagegenlaufen. Ich habe schon zu Kindern gesagt, dass
> Stewardessen weinende Kinder ins Gepäckfach stecken.
> Bin ich wirklich so schlecht?
> *Ich: Erfolgreich/groß/gut aussehend/weiß.*

Haben wir diese Gedanken nicht auch alle? Ach, Schadenfreude
ist doch was so Schönes! Wenigstens gibt's dieser *Craigslist*-
Leser zu!

> **VERZWEIFLUNG IN ANBETRACHT DER MÄNGEL**
> Gibt es hier jemanden, der das Du in der Anrede noch in
> Großschreibung praktiziert und weiß, was es bedeutet??
> Bin schier entsetzt über die Fehler in den Anzeigen, denke
> aber, die Ausnahme gibt es.
> Bin 180 cm groß, habe lange braune Haare und bin mehr
> als vielseitig interessiert – zudem mindestens tageslicht-
> tauglich, schlank und sportlich … bin aber leider kopflastig
> und studiert … Zudem gibt es keine Chance für materielle
> Beziehung. Achte auf mein hart erarbeitetes Liquides …
> Sorry – bin nicht erstaunt über gleichwertige Ansicht, im
> Gegenteil.
> Wenn Du auch Deinen Platz im Leben gefunden hast, Dir
> aber die selbstbewusste Partnerin fehlt, mit der das Leben
> facettenreicher wird, würde ich mich über eine Zuschrift
> freuen …

Liebe Frau XY, zuerst einmal: Das »Du« in der Anrede muss man
nicht mehr großschreiben – so hat es zumindest die Recht-
schreibreform festgelegt. Und dann: Warum sind Sie »leider«
studiert? Aber ein bisschen ehrlicher könnten Sie schon noch
sein: »Achte auf mein hart erarbeitetes Liquides.« Pah! Sie sind
ein Geizkragen, sonst würden Sie nicht kostenlos bei *Markt.de*
inserieren!

> Wenn ich eine **Zeitreise** machen könnte, würde ich am liebsten zum 17. Dezember 1972 reisen. Und ja, ich habe einen Grund dafür. Mann, 57, Chiffre xyz.

Dieser Leser des *London Review of Books* gibt sich ehrlich, aber gleichzeitig sehr mysteriös. Was möchte er im Jahr 1972 verhindern? Dass er seine Exfrau kennenlernte, die ihn fast 40 Jahre später ausnahm wie eine Weihnachtsgans? Dass er die süße Blonde in der Disco betrunken machte, sie auf dem Parkplatz vernaschte und blöderweise das Kondom vergaß? Dass er den brutalen Doppelmord beging, wegen dem er noch heute im Knast sitzt? Um dies zu erfahren, würde sich doch glatt ein Brief lohnen.

> **Frauen in meinem Alter** - M, 43, NYC, haben nur Babys im Kopf, aber mich interessiert die Ehefrau-und-Baby-Sache nicht, und ich habe auch keine Lust auf eine Mutter mit kleinen Kindern, die noch bei ihr leben. So bin ich einfach nicht gestrickt. Was bin ich dann? 1,82 m groß, 80 kg, ein Künstler mit einem Lkw und Werkzeug. Ich trinke und rauche nicht, nehme keine Drogen, und mich reizt keine traditionelle Schönheit. ... Auch Weinlokale oder Geld für den neuesten Schnickschnack auszugeben, interessiert mich nicht. Dafür würde ich, ohne nachzudenken, 800 Dollar für einen Flug nach Afrika oder Australien ausgeben. Wenn es nach mir ginge, wäre meine Freundin mollig und hätte eine üppige Oberweite, doch ich war schon mit allem querbeet zusammen. Ich schicke dies jetzt mal nach draußen ins Universum und schaue, was zurückkommt ...

»Ich war schon mit allem querbeet zusammen« heißt im Klartext: »Ich nehme alles, was ich kriegen kann – außer du hast Kinder oder willst welche.«

Stellungnahme zu Chiffre-Anzeige 12/3: Ob es nun ein Druckfehler oder mein eigener Fehler war, ist mir unklar. Sicher ist, dass dadurch ein großes Missverständnis entstanden ist! Denn folgender Satz ist nur so richtig: »... Darum hoffe ich, ein sensibles weibliches Wesen auf diesem zugegebenermaßen anonymen Weg zu finden.« Auch wenn jetzt bei einigen die Enttäuschung groß ist: Ich bin keine fleischgewordene SM-Traumfrau, die aus lauter Beziehungs-Frustration die Lackstiefel aus dem Schrank hervorholt, um sich devoten Spielchen hinzugeben! Trotzdem möchte ich mich für die Mühe und Offenheit einiger bedanken, auch wenn es wohl vergeblich war. ... Allen anderen möchte ich nur noch sagen, dass Sex für mich mehr bedeutet als oberflächliches »Austoben«. ... Für Gedanken, Ideen, Meinungen oder auch Kritik und Beschimpfungen bin ich nach wie vor offen. Claudia.

Wieder eine dieser Anzeigen, zu der ich die Vorgeschichte nicht kenne, dieses Mal aus *Zillo*. Allerdings verstehe ich nicht, wie man aus dem Satz »... Darum hoffe ich, ein sensibles weibliches Wesen auf diesem zugegebenermaßen anonymen Weg zu finden« irgendwelche SM-Vorlieben herauslesen kann. Auch dass sich Claudia beim Sex austoben will, legt dieser Satz nicht unbedingt nahe. Aber es gibt eben Leute, die lesen ja in alles was hinein ...

Ich bin ... anders? Frau, 20, New York

Ich suche einen besten Freund. Musiker sind nett. Ich mag kräftigere Männer und große, hauptsächlich weil ich auch ein bisschen kräftiger bin.

Ich suche einen Christen. Einen WAHREN Christen.

Und jemanden, mit dem ich auf Konzerte gehen kann. 20 bis 25 Jahre alt. Du musst ungebunden sein. Mit Fremdgehern habe ich nichts am Hut.

Ich mag Zombies und Videospiele.

Ich suche einen Mann, der albern und ausgelassen sein kann, aber auch weiß, wann er ernst sein muss. Also schreibt mir!

Was die Amerikaner immer mit ihren Zombies haben? Die Typen sind doch furchtbar unattraktiv: riechen modrig, haben seltsame Speisevorlieben, und wenn man mit ihnen Händchen halten will, kann es passieren, dass man gleich die ganze Hand bekommt. Aber diese Dame passt hervorragend zum Zombiemann von Seite 53. Mit der Distanz zwischen Los Angeles und New York werden die beiden *Craigslist*-Leser schon fertig werden. Nur mit den Videospielen könnte es ohne Daumen etwas schwierig werden! Und ob der Zombiemann wohl Christ ist?

> **Hässlicher, fetter, stinkender, grantiger, fauler, feiger, chronisch kranker Mann** und notorischer Lügner sucht das totale Gegenteil.

Das wäre dann also eine hübsche, schlanke, wohl duftende, gut gelaunte, fleißige, kerngesunde Frau, die immer die Wahrheit sagt. Wie langweilig!

> **SUCHE VOLLBUSIGE FRAU**, auch Ärztin, die mir Sex beibringt. Alter egal. Kann auch reich sein. Bin 33 Jahre, Brillen- und Bartträger, aus dem Raum Villingen-Schwenningen. Zuschriften mit Bild wären schön.

Kann auch reich sein, aber arm wie eine Kirchenmaus wäre schon besser, lieber Schwabe?

> # Dick sucht aktiven, schlanken IHN
> Ich bin ein wenig schwierig, würde ich sagen, und habe halt Ansprüche. Ich bin ehrlich und sehr offen. Ich trage mein Herz auf der Zunge. Manchmal kann ich sogar verletzend offen sein, denn ich finde, dass man die Wahrheit immer sagen sollte, weil eine Lüge schmerzhafter ist. Treue gehört auch zu meinen Eigenschaften, was auch bei Dir vorhanden sein muss. Ich bin sehr tolerant. Mein Lebensmotto lautet »Leben und leben lassen« ... Allein

Lebensmotto lautet »Leben und leben lassen« ... Allein der Charakter eines Menschen ist für mich wichtig. Das meine ich allgemein, smile. Bei meiner Partnerauswahl achte ich auch auf das äußere Erscheinungsbild. Das mag oberflächlich klingen, und das ist es vielleicht auch, aber das sind bei mir halt die Fakten. Ich sagte ja schon, dass ich Ansprüche habe. ... Tja, du wirst jetzt vielleicht denken, mein Gott, ist das ein verwöhnter Ochse, smile. Ich habe vielleicht Ansprüche, gleichzeitig aber bin ich sehr bescheiden. Ich freue mich über jedes Präsent, das ich bekomme, und wenn das nur eine Muschel vom Strand ist ... Jeden Tag war mein Postfach leer, mal sehen, wie viele sich jetzt trauen?? Bitte nur Anrufe, oder lasst bimmeln. Ich rufe euch zurück, wenn euch Handyanrufe zu teuer sind: 0123/456789.

Warum soll ich dich beleidigen, lieber Inserent aus den *Gleich-klang-Anzeigen*? Du bezeichnest dich doch selbst schon als oberflächlich und »verwöhnten Ochsen«. Smile.

Bauer sucht Bauern

Bin 56, u. a. Bauer, und auf der Suche nach gerne auch älteren Bauern für gemeinsamen Spaß in Stall-Arbeits-klamotten und Gummistiefeln. Treffen sollten später bei Dir am Hof möglich sein. Bei mir geht es leider nicht.

Und warum nicht? Stört da die Bäuerin? Oder der Stallknecht? Vielleicht sollte unser Landwirt lieber beim Deutschen Bauern-verband als bei *Markt.de* suchen?

Ich kann nicht glauben, dass ich das wirklich tue. Ich habe etwas Besseres verdient. (Du auch?) – Mann, 20, New York.
... Ich brauche diese eine ganz besondere Person, die sich selbst für etwas Besonderes hält und glaubt, dass sie etwas Besseres verdient hat als andere Frauen, ... die sich einen sehr fürsorglichen und liebevollen Mann wünscht, der immer für sie da sein wird.
Hier sind ein paar Informationen über UNS ;)
Ich: klug, kreativ, geistreich, gut aussehend (1,83 m, muskulös), vielseitig, SELBSTBEWUSST, SELBST-
~~~~~~~~ ~~~~~~~~~~ lustig (Sarkasmus ist

BEWUSST, SELBSTBEWUSST! Lustig (Sarkasmus ist
mein Schwerpunkt, haha), sehr talentiert (nein, ich bin
nicht eingebildet, sondern habe nur viel Vertrauen in meine Fähigkeiten) … Ich halte mich für einen der wenigen
noch existierenden 20-jährigen Gentlemen. … Du wirst lieben
mich …
DU: lustig, klug, kreativ, geistreich (oder du weißt zumindest geistreiche Witze zu schätzen), vielseitig, … belesen,
keine Proletin. …Du bist auch SELBSTBEWUSST,
SELBSTBEWUSST, SELBSTBEWUSST!
Nicht langweilig. Wenn dir nur wenige Qualifikationen
fehlen, werde ich dich trotzdem lieben, haha.
HERZLICHEN GLÜCKWUNSCH, WENN DU BIS
HIERHIN GELESEN HAST. NUN KOMMT DAS
ARSCHLOCHMÄSSIGE, DAS MICH ECHT SCHEISSE
AUSSEHEN LÄSST. ABER ES IST NUN MAL NÖTIG.
Ich suche jemanden, der weniger als 75 Kilo wiegt (weil
ich selber sehr schlank bin, okay?!). Was die Hautfarbe
anbetrifft, solltest du weiß sein oder eine hellhäutige
Latina. Tut mir leid für alle anderen, das ist einfach mein
Geschmack.
ICH FREUE MICH, VON DIR ZU HÖREN …

So, und nun kommt das Arschlochmäßige, das mich echt scheiße aussehen lässt: Du bist nicht selbstbewusst, sondern EINGE-
BILDET und ECHT OBERFLÄCHLICH, lieber Inserent bei *Craigslist*.

**Unheimlich zärtlicher, liebevoller, fürsorglicher,
großzügiger 52-jähriger, schlanker, athletischer, erfolgreicher, selbstständiger Handwerksmeister** bietet
ein schönes, sorgenfreies, harmonisches Leben an.
Suche die schlanke, unverklemmte sexy Frau im Alter
von-bis, die sich gerne verwöhnen lässt, aber auch gibt,
nichts haben muss … Die Spaß hat an prickelnder und
fantasievoller Erotik und die Spaß daran hat, nackt zu
sein, weil es schade ist, ihren wundervollen Körper zu
verhüllen und weil Nacktsein etwas ganz Natürliches ist.
Bin nicht pervers, ganz im Gegenteil, nur unverklemmt.
Ich suche kein Abenteuer. Ich suche das Leben, um es
mit dir zu teilen … Zuschriften bmB nurleben@xyz.de
oder Zuschriften unter ZS12345678

»Bin nicht pervers, ganz im Gegenteil, nur unverklemmt« – die berühmten Worte des Serienkillers vor seiner Tat. Hier gefunden in der *Süddeutschen Zeitung*.

```
Der hier (51/172/68) sucht genau
Dich, falls …
… falls du max. Mitte 40 (aber mind.
Ende 30) bist und wirklich bereit,
endlich glücklich zu werden, mit
einem wie mir: durchaus unblöd,
kinderlieb, tierfreundlich, fettarm,
hartzfrei, religionsfrei, witzig und
wertvoll, mit Niveau und Anstand.
Bitte erzähl mir was, frag mich
was, maile mir was — ich freu mich
schon darauf! PS: Bin natürlich
nicht kopflos.
```

Ein Mann mit Kopf ist doch auch schon viel wert. Hoffen wir nur, dass sein Gehirn auch im Kopf sitzt und nicht einen Meter weiter unten. Auch wenn er sich bei *Quoka* anpreist …

Intergalaktischer Kopfgeldjägerin sucht ebensolchen – Frau, 29

Du: witzig, klug, kannst mitreden, egal ob es um Physik, schwarze Löcher, Comics, Bücher (vor allem Bücher) oder Riesenkraken geht … Du magst Kinder, Hunde, draußen zu sein, Streiche spielen, Insiderwitze, Musik, Playlisten/Mixtapes erstellen, ziellos herumlaufen, … in der Küche tanzen, irgendwo tanzen. … Du flirtest gerne, bist witzig, hast einen seltsamen Humor und machst gerne dumme Kunststücke wie zum Beispiel Jonglieren. Du trinkst, wirst dann aber nicht blöd, du verstehst, wie wichtig es ist, mit jemandem über alles und jeden reden zu können, und du machst das gerne, du kiffst, bist aber kein Kif-

und du machst das gerne, du killst, bist aber kein Eifer, du hast deine Überzeugungen, hackst aber nicht auf
den Überzeugungen anderer herum … Du interessierst
dich für einen Menschen, du interessierst dich für Wörter, Songtexte, Lieblingsabschnitte von Straßen, schönes
Wetter, Deckenhöhlen, Videospiele, läppisch sein …, du
hast coole Freunde und etliche Geschichten, über den
Scheiß, den du in deinem Leben schon gemacht hast …
Ich: toll. Super klug und unglaublich schüchtern, aber auf
der Suche nach der richtigen Person, aber langsam entmutigt, 29 Jahre alt, etwas fülliger, will aber kein Fetisch sein.
1,60 m, Tattoos und Brille und dem Kiffen nicht abgeneigt.
Ich schaue nicht viel fern, und ich trinke auch nicht regelmä
ßig, aber ich finde mich in einer Kneipe zurecht. Ich behaupte nicht, dass ich meinen Scheiß immer geregelt kriege, aber
ich bin keine Dramaqueen. Ich habe Geschichten, Witze
und jede Menge Abenteuer. Also, schauen wir mal, oder?

Auch diese Inserentin bei *Craigslist* finde ich ehrlich sympathisch. Die »Kopfgeldjägerin« schreiben wir jetzt mal dem Kiffen
zu. Ich wünsche ihr jedenfalls viel Glück!

AUF DIE
ROMANTISCHE TOUR

Welche Frau sehnt sich nicht nach einem Mann, der einen Sinn für Romantik hat? Aber zwischen romantisch und schwülstig gibt es einen hauchdünnen Unterschied. Nur zu blöd, dass diesen viele nicht erkennen – wie die Kontaktanzeigen in diesem Kapitel beweisen.

Schmetterlinge sollen fliegen, nicht nur in meinem Bauch, der Atem soll uns stocken, ein Lächeln sich auf unseren Gesichtern breitmachen. Essen ist uns nicht mehr so wichtig, und alles leuchtet heller und schöner! Sehnsucht, vermissen. Es kaum erwarten zu können. Ach, verliebt sein ist so was Schönes! Ich lebe unabhängig, bin Lehrer von Beruf, 49 Jahre alt. Ich möchte mich auf Dich verlassen können, so wie Du auf mich zählen kannst. Ich wünsche mir eine Frau, gut duftend, im passenden Alter, nicht älter als ich …

Das Essen scheint für diesen *Quoka*-Inserenten keine große Priorität zu haben. Wohl nicht davon gehört, dass Liebe durch den Magen geht?

Ich klau Dir ein kleines Stück Deines Lächelns, gebe es garantiert zurück, aber gebraucht, dafür sogar etwas mehr. Ja, ich gebe ja zu, dass ich eine Diebin bin, sogar eine unverbesserliche. Auch vom Herzen möchte ich Dir ein Stückchen klauen, bevor Du es merkst. Da-

sogar eine unverbesserliche. Auch von ˌ ˌˌˌˌˌ ˌ ˌˌˌˌˌ ˌˌˌˌˌˌ
ich Dir ein Stückchen klauen, bevor Du es merkst. Da-
für darfst Du dann in meinem Herzen wohnen.
Vermisst Du es auch, das Kribbeln im Bauch, wenn das
Telefon klingelt, die gespannte Erwartung, ob es Dein
Schatz ist? ...
Vermisst Du es auch, sich gegenseitig zu necken und
dann miteinander zu lachen? ...
Bist Du jemand, der mollige, dennoch bewegliche und
bewegungsfreudige Frauen mag?
Dann melde Dich doch mal bei mir!

In dieser Frau aus *Markt.de* schlägt nach erfolgreichem Dieb-
stahl also die Kraft der zwei Herzen. Gut, denn das ganze
Kribbeln, Necken und Lachen hört sich anstrengend an.

Pferde waren immer deine große Liebe,
eigene Pferde dein Traum. Turnier, Springen, Dressur,
Jagdreiten im Herbst oder auch »nur« gemeinsam ausrei-
ten ... Trotzdem habe ich dich nie getroffen, seltsam ...
Andere behaupten, sie hätten dich im Buschflugzeug
über der kanadischen Wildnis gesehen, im kleinen Sport-
flugzeug über den Pyrenäen, im Segelflugzeug über den
Alpen ... Warum habe ich dich eigentlich nie gesehen,
ich war doch auch da, komisch ...
Freunde haben mir erzählt, du würdest in der Ägäis
segeln, vor Korsika tauchen, am Gardasee Wasserski
fahren. Weshalb haben sich unsere Kurse eigentlich nie
gekreuzt ...
Mädchen, was mir an dir so gefällt ist deine Lustigkeit,
dass es dir richtig Freude macht, mal todchic zu sein
od. auch flippig, mal elegant u. mal richtig kumpelhaft,
zärtlich u. verspielt, verliebt in dein, in mein, in unser
Leben ...
Genug, so kann es nicht weitergehen. Schick mir bitte
ein Bild von dir, damit wir uns endlich treffen können,
gemeinsam unsere Hobbys teilen und ˌˌˌ ˌˌˌˌˌˌˌˌ

ein Bild von dir, damit wir uns endlich treffen können, gemeinsam unsere Hobbys teilen und uns vielleicht ein altes Bauernhaus einrichten. Wir wollen ja zusammenbleiben, für lange, einverstanden? Zuschr. unter ZS12345 an SZ.

Was ich gar nicht mag, sind Männer, die eine erwachsene Frau wünschen und diese dann mit »Mädchen« anreden. Und außerdem stellt dieser Herr ganz schön hohe Ansprüche an sein »Mädchen«, und das ohne auch nur ein Wort über sich selbst zu verlieren. Bist du 18 oder 80, lieber Leser der *Süddeutschen Zeitung*?

RITTER SUCHT SEINE KÖNIGIN

Mann sucht Frau, 28 Jahre alt, 1,92 Meter
Dieser Ritter auf dem weißen Pferd bittet um eine Audienz bei der Königin. Gefällt es dir, wenn ein Mann dir das Abendessen zubereitet, dein Herz im Sturm erobert, dich in die Welt des unendlichen Respekts entführt? Wenn er dir Abenteuer, Humor, Liebenswürdigkeit, Entspannung und Liebe gibt, damit wir eine feste Grundlage haben? Dann bist du vielleicht meine Königin. Der Ritter bittet um eine Königin, die mit ihrer Kleidung Eindruck macht. Ich werde mich vor dir verneigen. Wenn das interessant klingt oder du dich danach sehnst, deinen Traummann kennenzulernen, dann ist deine Suche jetzt zu Ende. Dein edler Ritter auf dem weißen Pferd ist da!

Und ich höre schon das Wiehern vor meiner Tür!

Sommer 2012
anders gesagt:
ich stelle mir den tag so vor. wir
lassen uns wecken vom ersten morgen-

sonnenstrahl. wenn ich vor dir auf-
wache, streich ich dir ganz sanft
den schlaf aus deiner brust. dann
lieben wir uns ein bisschen. dann
gehen wir raus in den wald und lassen uns umfangen vom duft nach rin-
de, harz, tannennadeln... oder laufen
steil hinauf auf einen zauberberg.
und küssen uns oben ganz innig und
lang. und wenn wir nach hause kommen,
setzen wir uns zusammen in die bade-
wanne ... bestimmt kannst du dich, wenn
du willst, ganz oft auf meinem schoß
zuhause fühlen ... abends gehen wir
dann vielleicht noch mal raus. und
dann lieben wir uns und schlafen eng
umschlungen ein... ich wünsch mir eine
frau (ungefähr 20-37), die es genießt,
den ganzen tag zu zweit zu sein. weil
sie weiß, sie wird genau auf diese weise zu ihrer ganzen schönheit,
selbstheit, freiheit, wahrheit finden.
bitte schreib mir, wenn du es verstehst

Das ist ein echter Romantiker, der in der Kontaktbörse auf der
Website www.naturkost.de nur von der trauten Zweisamkeit
träumt. Obwohl ich nicht weiß, wie er mir den Schlaf aus meiner
Brust streichen will. Dass meine Brust besonders verschlafen ist,
ist mir noch nie aufgefallen.

engel sucht wolke

Ich hatte einen traum, in dem sagtest Du zu mir Folgendes:
Soll ich Dir sagen, dass ich Dich LIEB habe? Soll ich Dir sagen, dass ich Dich BRAUCHE? Soll ich Dir sagen, dass Du
ein GUTER FREUND von mir bist? Soll ich Dir sagen, dass
Du in meinem HERZEN bist? Ja? VERGISS ES! Das werde
ich Dir sicher NICHT sagen! Denn ... Ich hab Dich nicht lieb,

Du in meinem HERZEN bist? Ja? VERGISS ES! Das werde ich Dir sicher NICHT sagen! Denn ... Ich hab Dich nicht lieb, ICH LIEBE DICH! Ich brauche Dich nicht, SONDERN ICH KANN NICHT OHNE DICH LEBEN! Du bist nicht nur ein guter Freund von mir, SONDERN DER WICHTIGSTE MENSCH IN MEINEM LEBEN! UND Du bist nicht in meinem Herzen, SONDERN Du bist mein Herz. Solltest du, ab 180 cm und mind. 44 J. dich angesprochen fühlen, freue ich mich über Deine Zuschrift wenn Du magst, gerne mit bild.

Auch wenn du mich so sehr liebst, lieber *Quoka*-Inserent, brauchst du mich noch lange nicht anschreien. DAS LIEBE ICH NÄMLICH GAR NICHT!

ICH WOLLTE DIR ...
nur einmal eben sagen, dass Du das Größte für mich bist. Die Perfektion der besten Art und Weise.
In stillen Momenten leise und so schön, dass man nie darauf verzichten mag.
Wäre es nicht schön, das sagen zu können?
Ich, Akad., 47J., 1,70 m, 70 kg, freue mich auf Dich und Deine Zuschrift. Feiertage2012@xyz.de. Zuschriften unter ZS1234567.

Jetzt hast du es ja gesagt, und zwar in der *Süddeutschen Zeitung*! Vielen Dank für das Kompliment!

Melancholie, Nachdenklichkeit, aber auch **Ausgelassenheit**. Gemeinsam, unzertrennlich, aber auch allein. Und doch – wir treffen uns irgendwann, irgendwo, an der Schwelle zum Reich der Gefühle. Im Traumland unserer Emotionen, im Paradies des Lichts, der Wärme und Geborgenheit, möchte ich dein Lachen wie auch dein Weinen verstehen. Errate meine Träume, und ich werde dich mitnehmen auf meinen Reisen in die Fantasie. (W. aus M.)

Hoffentlich ist das keine Reise ohne Wiederkehr.

Att leva livet – med dig!

... Es gibt viele Augenblicke, da halte ich mich für den glücklichsten Menschen auf der Welt; beruflich habe ich als promovierter Jurist in selbstständigem Traumberuf alles erreicht ... und kann mir alle Wünsche erfüllen. Vor allem aber habe ich mir Freiraum geschaffen für meine zahlreichen Interessen: Musik ist meine große Eigenschaft ... häufige (Welt-) Reisen, um alte Kulturen und fremde Völker kennenzulernen oder einfach eindrucksvolle Landschaften zu genießen; alte und neue Sprachen, Naturwissenschaften...

... und dann merke ich plötzlich, dass mir das Allerwichtigste im Leben immer noch fehlt: Du! Ein außergewöhnliches Mädchen, das liebste Geschöpf auf der Welt, gut aussehend (ich bin's auch, meine damit aber nicht etwa oberflächliche Schönheit, sondern jene seltene Gabe eines angenehmen Äußeren, das zutiefst die Harmonie unserer inneren Ansichten widerspiegelt), charmant, fröhlich, naturverbunden, lebenslustig und doch nachdenklich, ironisch-distanziert zu gesellschaftlichen Oberflächlichkeiten, selbstbewusst und doch weiblich anschmiegsam, mit dem grenzenlosen Wunsch, unendliche Zärtlichkeit zu geben und zu empfangen ...

Ich weiß, ich bin sehr anspruchsvoll, aber ... meine zahlreichen Interessen sind ... vielmehr nur Ausdruck meiner tiefen Liebe zu der herrlichen Lebensvielfalt auf unserer Erde! Wie wenig kommt es da auf die genaue Übereinstimmung der Interessen und des Geschmacks an, solange wir die ungezähmte Lust und Freude teilen, das Leben in seinen tausendfältigen Farben und Erscheinungsformen in uns hineinzutrinken: die stille Schönheit einer kleinen Orchidee auf einer Frühlingswiese auf einer griechischen Insel, ... die erhabene Einsamkeit einer tagelangen Wanderung durch die Weiten der nördlichen Tundra; die unendliche Welt wechselnder Grautöne in Bachs »Goldberg-Variationen« ...

Und doch: Obwohl bereits 39 Jahre alt (176 cm groß, sportlich-schlank) und eheerfahren, möchte ich eine »ganz normale« Familie mit Kindern gründen ... Wenn Deine Neugierde und Dein Mut zu einer nicht alltäglichen Lebensgemeinschaft ebenso groß sind wie Deine Überzeugung, dass es gerade darauf ankommt, dass wir uns kennenlernen (die wir uns sonst wohl nie getroffen hätten!), freue ich mich auf ein Echo mit Bild (mit Antwort zurück!) unter ZS 1234.

Und wenn ich nicht gestorben bin, so schwafele ich noch heute. Der Redefluss dieses gutbetuchten Herrn – die Anzeige in der *Süddeutschen Zeitung* muss ein Vermögen gekostet haben – deutet darauf hin, dass er eventuell nicht nur das Leben in seinen tausendfältigen Erscheinungsformen in sich hineintrinkt. Seine tiefe Liebe zu jedem Busch von Griechenland bis Afrika könnte eventuell auch auf entsprechende chemische Stimmungsheller zurückzuführen sein. Hey, nimmst du Drogen? – Nein, ich bin Romantiker!

> ### *Kein Sex, ich will nur mit meinen Gefühlen nicht allein sein* – Mann, 34
> Großer, gebildeter, liebenswürdiger Mann sucht nach dem Süßesten, das zwei Menschen erleben können: Zärtlichkeit.
> Obwohl ich wegen einer Trennung noch nicht für eine Beziehung bereit bin, sehne ich mich nach Gesellschaft, einem anderen lieben Menschen, mit dem ich schöne Stunden verbringen kann. Eine Frau kennenzulernen, die schließlich meine Freundin werden würde, wäre noch schöner, aber daran will ich noch nicht denken und es auch nicht zur Bedingung machen.
> Würdest du gerne etwas trinken oder auf einen Kaffee gehen, einen Film anschauen oder einfach nur kuscheln? Was meinst du dazu? Nur ernst gemeinte Zuschriften bitte, mit ein paar Informationen über dich.

Einen solchen Mann wie diesen *Craigslist*-Inserenten muss man doch einfach lieb haben und trösten, oder, liebe Frauen?

WASSERMANN
SUCHT JUNGFRAU

Der Partner soll ein bestimmtes Sternzeichen haben? Schon aus einem früheren Leben bekannt sein? Oder mit dem Inseraten auf spirituelle Reisen gehen? Auch esoterisch angehauchte Menschen überlassen die Suche nach dem Seelenverwandten nicht immer dem Schicksal, sondern helfen dem Glück mit einer Kontaktanzeige auf die Sprünge.

Astro-Partnerin-Suche
22./25./26./30. Mai 1961
3./4./12./13. Juni 1961
11./12. Dezember 1961
26./27. Januar 1962
4./5. Februar 1962
22. März 1962

Ob ich bei der Antwort auf diese Anzeige gleich eine Kopie meines Ausweises beilegen muss?

FRAU AUS CHELSEA SUCHT TANTRA-KÜNSTLER
Tantra ist eine Lebensweise, eine ganzheitliche Entscheidung. Ich bin eine ungezähmte Künstlerin und lebe vegan. Ich habe eine gute Ausbildung. ...
Ich suche keinen One-Night-Stand und küsse auch nicht bei der ersten, zweiten oder dritten Verabredung. Man könnte sagen, ich bin prüde. ... Ich suche jemanden, der meine ... aufgreift, jemanden wie mich. Der verrückt

der ersten, zwo... ... ...

> sagen, ich bin prüde. ... Ich suche jemanden, der meine
> Schwingungen aufgreift, jemanden wie mich. Der verrückt
> nach einem ökologischen Lebensstil ist, gerne Fangen spielt
> oder spontan mit mir zum Yoga geht. Ich trinke und rauche
> nicht. Ich bin gerne spirituell und besuche gerne heilige Orte. ...
> Ich weiß: Das ist Craigslist, aber was ich hier geschrieben
> habe, ist ein Teil von mir, und wenn du darauf anspringst, dann
> schreibe mir. Eine gute Reise und viel Glück, ihr Suchenden bei
> Craigslist.

Eine Frau, die einen Tantra-Künstler sucht, sich selbst aber als
prüde bezeichnet: Diese 99 Prozent der Menschen, die Tantra
für »irgend so einen Schweinkram« halten, mögen diese Kontaktanzeige für, sagen wir mal, ein wenig widersprüchlich halten.
Aber an sie richtet sich die Anzeige ja auch nicht ...

> **SUCHE SEELENPARTNER FÜR LEBENSTRAUM**
> Du bist 180 cm oder größer, 36–50 J., (dunkelblond,
> leichtes Krauselhaar), technisch versiert (PC, Elektr.),
> handwerklich begabt, reise- und abenteuerlustig,
> finanziell unabhängig, Interesse am Aufbau einer aut-
> arken Lebensweise mit eigener Stromversorgung und
> Wasserreservoir und Holzheizung evtl. mit Überwin-
> tern auf einer sonnigen Insel.
> Ich bin 39 J., 175 cm, finanziell unabhängig, frei-
> heitsliebend, bin aktiv bei Nabu, Transition-Town-Be-
> wegung, Tai-Chi, heilende Präsenz, arbeite gerne mit
> Kleinpferden nach Natural-Horsemanship (gewaltfreie
> Kommunikation mit Pferden).

Diese Inserentin bei der Kontaktbörse auf www.naturkost.de
hat erkannt: Wer autark leben will, muss einige Kenntnisse und
Fähigkeiten mitbringen: Handwerkliche Begabung und tech-
nisches Know-how sind nur zwei davon. Was aber das dun-
kelblonde leichte Krauselhaar damit zu tun hat, verstehe ich
nicht.

Ich bin mir nicht ganz sicher, ob sich hinter dieser Anzeige nicht
irgendein Schmuddelkram verbirgt.

»Begegnung des Leibes« – nur bei den *Gleichklang-Anzeigen*
wird aus Sex eine spirituelle Erfahrung.

Selbst Graf Dracula findet nicht so einfach eine Partnerin, die Blut und Sarg mit ihm teilen will. Aber dass er deshalb gleich eine Kontaktanzeige in *Zillo* aufgeben muss? Er hätte es doch erst mal in den »Transsylvanischen Nachrichten« ausprobieren sollen!

> **Suche das weibliche Wesen** aus der schwarzen Szene, für die SM nicht nur eine Modeerscheinung, sondern Lebenseinstellung ist. Die bereit ist, dunkle Wege zu begehen, und die bürgerliche Normen verachtet.

Na ja, jede Generation muss einmal auf den bürgerlichen Normen herumhacken, die bürgerlichen Werte mit den Füßen treten. Das hört sich sowieso schon nach SM an.

> **KREBSFRAU** im besten Mannesalter sucht interessanten Fisch für gemeinsames Leben in schönem Aquarium.

Ob diese Krebsfrau mit dieser Anzeige ihre Transsexualität offenbaren will?

> **Hier bin ich, Sonne, Sand und Meer und oft in NRW – lässt sich nun finden :-)**
> Ich gehe »neue Wege«, verlasse das, was hinten war (Schicksalsschläge, spirituelle Krisen, esoterische Pfade), bin bemüht, die Illusion der Wahrnehmung und Gott zu begreifen, und wünschte mir, all das mit einem Partner tun zu können. Die Umarmung, Zartheit, Gespräche – aber auch die emotionale Sicherheit oder Fürsorge, den Halt, die Bestärkung und das Vertraute einer Partnerschaft – das Wir – in all den Krisen weltweit leben zu dürfen.
> Ich bin nicht ortsgebunden …

Wo bitte lassen sich Sand und Meer in NRW finden? Ach, sie ist ja nicht ortsgebunden. Ja, dann.

Aber das ist hier ja nicht Thema. Was will diese *Gleichklang-Anzeigen*-Inserentin nun sagen: dass sie Gott begreifen will oder dass Gott wie die Wahrnehmung eine Illusion ist? Das sind zwei sehr unterschiedliche Paar Stiefel!

> *Ich suche Frauen und sehr feminine Wesen*, die sich ihrer Weiblichkeit absolut bewusst sind. Spiritualität, Religion, Esoterik in Kombination mit erotischer Denkweise sind mir dabei sehr wichtig.
> Wenn Du eine ästhetische und empathische Frau bist – melde Dich bei mir. Sex, Offenheit und spontane erotische Aktivitäten sollten Dir kein Problem bereiten. Du kannst mich auch per E-Mail oder SMS erreichen:
> E-Mail: aparthon@xyz.com, SMS: 0123/4567890

»Frauen und sehr feminine Wesen«: also Elfen, Feen, Engel & Co.? Ob diese allerdings in den *Gleichklang-Anzeigen* stöbern?

> # Weltenweiten
> Wenn ich dir begegnen würde, würden wir es bemerken, zwischen Bewusstsein und Sein: Ideen leben und Alltag finden? Bist du wie ich vielleicht eine Gärtnerseele, die Freude am Wachsen der Pflanzen hat? Warst du vielleicht auch in Findhorn und suchst die Verbindung zwischen den Welten – zwischen Lebensaufgaben, Lebenssinn und Herausforderungen des Alltäglichen? Hättest du Interesse am Landleben? Hast du Lust auf eine Beziehung, auf eine tiefere Begegnung, was das Frau- und Mann-Sein so bringt? Bist du neugierig, offen interessiert und in den Vierzigern?

Ich denke schon, dass man bemerken kann, wenn man einem anderen begegnet: wenn man schmerzhaft zusammenstößt zum Beispiel. Ich weiß auch nicht, ob eine Gärtnerseele dieser Inserentin bei der Kontaktbörse von www.naturkost.de viel nützt –

Gärtnerhände, die im Garten kräftig zupacken können, wären hier vermutlich wichtiger.

STUDIERTER LANDVERMESSER, meine Ausgangskoordinaten sind PLZ 21/39 J./1,89/ NR, mit normaler Figur, begeisterter Cineast sowie gelegentlicher Theater- und Konzertgänger. Bin ein meist sportlich ambitionierter Radfahrer, habe weder Kind noch Kegel, biete dafür aber Treue + Ehrlichkeit, Unternehmungslust + Verlässlichkeit, Humor + Familiensinn. Ich habe den klaren Willen, meine Lebenskoordinaten von »Ich« auf »Wir« zu verschieben. Bei Übereinstimmung affiner Koordinaten von uns bin ich zu Transformation vielfältiger und intensiver Art bereit. Zuschriften gerne mit Bild an: ZA 12345.

Der Herr Landvermesser aus der *ZEIT* meint wahrscheinlich diese intensive Transformation weniger im spirituellen Sinne. Schließlich spricht er hier von Tatsachen: von präzisen Koordinaten. Doch gerade als Landvermesser müsste er doch eigentlich ein GPS-Gerät besitzen. Damit geht das Finden leichter als mit einer Kontaktanzeige.

BELLA SUCHT JACOB ODER EDWARD
Hallo Ihr Wölfe und Vampire unter den Männern ... Ich bin seit einer Ewigkeit Single und würde gerne mein Singledasein beenden. Wie unschwer zu erkennen, liebe ich die Twilight-Geschichten, da sie mit jeder Menge Romantik bestückt sind. Da ich die Geschichte langsam auswendig kenne, möchte ich nun gerne selbst eine romantische und spannende Beziehung erleben. Hast du Lust, mich kennenzulernen? Für nette, intelligente und freundliche E-Mails bin ich immer bereit zu antworten. Bild wäre toll ...

Tja, diese *Quoka*-Inserentin hält es wirklich wie Bella: Sie kann sich nicht zwischen Edward und Jacob entscheiden. Manchmal bildet das wahre Leben eben doch die Literatur ab.

LEBE WILD UND FREI

Ich lebe ganzheitlich spirituell und suche ebensolchen Partner. Von Beruf bin ich Therapeutin, in diesem arbeite ich sowohl klassisch als auch mit alternativen und spirituellen Techniken. Du solltest fest verwurzelt sein, sodass Dein Kopf in den Wolken wohnen kann. Freue mich auf Deine Zuschriften.

Mit anderen Worten: Diese Frau sucht in der Kontaktbörse von www.spirituelle.info einen Mann, der mehrere tausend Meter groß ist. Na dann viel Glück!

Schwarze Frau sucht tolerante M's und F's, die noch nicht in ihren selbst auferlegten Klischees ersoffen sind. Vorlieben: Tee trinken, Musik (Marla Glen bis Current), lesen, essen, schlafen, Gin-Tonic-Orgien und vieles mehr. Würde mich sehr über Kontakte zu anderen Heiden, Hexen etc. und Menschen, die nicht nur das andere Geschlecht anziehend finden, freuen.

Anmerkung der Redaktion: »Schwarz« bezieht sich hier nicht auf die Hautfarbe, sondern auf die Gesinnung dieser *Zillo*-Leserin. Und Essen und Schlafen sind doch mal wirklich ganz außergewöhnliche Tätigkeiten, oder? Mit ein paar Gin Tonics intus schläft man dann auch gleich viel besser!

S A T A N I S T / I N gesucht, der/die den Pakt hat und ihn mit mir zusammen auch macht. Ich will ihn dieses Jahr noch machen. Wer kommt zu mir und macht ihn mit mir zusammen? Sagt mir, was ich machen muss, macht die Rituale usw. … Leider wohne ich in 'nem Frauenhaus, bin aber viel unterwegs. Würde mich sehr freuen, wenn sich jemand bereit erklären würde. Wenn Kosten entstehen sollten für den Pakt, bitte in E-Mail

---

> freuen, wenn sich jemand bereit erklären würde. Wenn
> Kosten entstehen sollten für den Pakt, bitte in E-Mail
> Bescheid sagen, hab aber nur 'n Paypal-Konto, auf dem
> ich bald Geld habe.

Satanisten im Frauenhaus – davon träumt jede Frauenbeauf-
tragte! Nachdem die Frau durch die Hölle gegangen ist, kann sie
sich ja nach ihrem prügelnden Ehemann auch mit Satan einlas-
sen. Schlimmer wird es kaum werden ...

> **WELCOME TO MY NEW COLOURS OF LIFE**
> Ich hab so einiges hinter mir gelassen ... aufgegeben ... »deleted« ...
> genullt ... GEändert ... VERändert ... »abgeschnitten« ... »entsorgt«
> ... neu begonnen ... frisch »angemalt« ... :-)
> Meine Lieblingsfarbe ist regenbogisch mit gaaaaanz viel Maigrün :-)
> Wäre schön, wenn sich ein neuer »Farbton« dazugesellen würde.
> Ich (= nimmer ganz maigrün, aber sicherlich no ned schimmliggrün :-))
> freu mich auf »Farbvorschläge« :-))

Kann dieser Inserentin in der Kontaktbörse von www.Markt.de
bitte jemand einen Malkasten schenken?

> **Schwarze Ratte (w, 19)** sucht Kontakt zu schwarzbeseelten bis
> punkigen Wesen aus dem Raum KS/GÖ. Geschöpfe der Nacht
> und alle, die sich sonst noch angesprochen fühlen – kommt
> aus euren dunklen Ecken und meldet euch (mit Bild?!)!!!

Klar, als diese Anzeige 1995 in *Zillo* erschien, brauchte man zum
Schreiben noch Licht. Heute geht das dank Computer auch im
Dunkeln. Ob die Geschöpfe der Nacht anno dazumal ihre dunklen
Ecken verließen, ist leider nicht bekannt.

> **Bärlauch spitzt aus der Erde, Uranus im Widder**
> **ruft mich auf zu Wachstum und Veränderung.**
> Mein Herz (6) sehnt sich danach, sein schönstes Lied
> zu singen. Ich rufe meinen Anama Cara. Finde mich!

Erstens: Was hat der Bärlauch mit der Partnersuche zu tun?
Zweitens: 6??? Fehlt hier eine Zahl, oder inserieren jetzt schon

Schüler auf www.spirituelle.info? Drittens: Es heißt »Anam Cara« – gemeint ist ein keltischer Seelenwanderungsglaube. Man müsste sich zumindest mit seiner eigenen Lebensmythologie auskennen.

EDLER JÜNGLING ODER VERWEGENER VAMPIR?
Ein bisschen von beiden, so möchte ich dich haben! Im richtigen Moment sollst du mal der eine, mal der andere sein. Sei sensibel und feinfühlig, dann wirst du schon wissen, wie du mich zu nehmen hast. PS: Raum NRW.

Schon erstaunlich: Diese Anzeige erschien 1995 in *Zillo* – ganze zehn Jahre vor Stephenie Meyers Welterfolg »Bis[s] zum Morgengrauen«. Ob Frau Meyer diese Anzeige zu ihrem tugendhaften Vampir Edward inspiriert hat?

**ES GIBT TRAUMSTRÄNDE,
DA WOLLEN KIRSCHBÄUME NICHT SO RECHT GEDEIHEN.**
Herzlich willkommen, lieber Zeitgenosse!
Schmetterling mit Wurzeln hat Erde gefunden. Es gibt sicher Männer, die sich sicher bei mir wohlfühlen. Ich lade dich gerne ein, zu prüfen, ob du es sein könntest. ...
Vielleicht jemand, der wie ich Gärten mag, auf dem Bäume Platz haben, ohne die gute Stube zu verdunkeln. ...
Außerdem liebe ich humorige Wesen, in denen der Schalk steckt, die Spaß an liebevollen, verbalen Raubüberfällen oder schreiwitziger Situationskomik haben. ...
Ich bin jugendlich, ja etwas kindlich und doch gerade so intelligent, dass ich mich immer wieder und oft noch rechtzeitig auf die Meta-Ebene des Lebens zurückführen lasse, wo mir vor Augen geführt wird, was ich gerade mit den kleinen oder größeren Ereignissen und Zeichen des Tages alles so anfangen kann. ...
Der Wichtigste für mich: mein Meister und die Meditation.
Übrigens, ich arbeite im Angestelltenverhältnis, bin geschieden und kinderlos.

Dass Kirschbäume an Traumstränden nicht so recht gedeihen, liebe Gleichklang-Anzeigen-Inserentin, könnte auch daran liegen, dass sie zwar sandigen Boden, aber keinen reinen Sandboden mögen. Und gerade wenn der Leser anfängt, mit dir zu träumen, holst du ihn mit einem prosaischen »Ich arbeite im Angestelltenverhältnis, bin geschieden und kinderlos« auf den Boden der Tatsachen zurück.

SCHWARZES GESCHÖPF sucht gleichgesinnte Daseinsformen, die mich ein Stück auf meinem Weg in die Ewigkeit begleiten wollen. Keine Satanisten.

Nein, Satanisten sollen lieber draußen bleiben. Denn sonst wird der Weg in die Ewigkeit vielleicht ganz plötzlich abgekürzt.

Magst Du Eat, Pray, Love, Yoga u. vieles Schöne mehr...? Attraktive Krebsfrau (50 J./ NR) möchte gerne einen sympathischen, liebevollen Mann kennenlernen, um gemeinsam den Lebenstanz weiterzutanzen. Bild wäre schön. Chiffre 12345.

Oje, liebe Krebsfrau. Selbst in der Kontaktbörse auf www.naturkost.de wirst du dich schwertun, einen Mann zu finden, der »Eat, Pray, Love« (die Bibel aller Frauen auf dem Selbstfindungstrip) gelesen hat!

Löwe beim astrologischen Fischen – Mann, 53, Manhattan Ich harmonisiere hervorragend mit Frauen mit bestimmten Sternzeichen und überhaupt nicht mit Frauen mit anderen Sternzeichen. So scheint es zumindest und ist immerhin so beständig, dass es meinen Glauben an die Astrologie verstärkt, obwohl diese Wissenschaft ganz schön mysteriös ist (für mich). Ich bringe auf diesem Gebiet jedoch keine tiefgehenden Kenntnisse mit, und das Schicksal bringt mich immer mit den Frauen zusammen, mit deren Sternzeichen ich nicht so gut zurechtkomme. .... Weil ich außerdem in einem Hundejahr geboren

Sternzeichen ich nicht so gut za...
Weil ich außerdem in einem Hundejahr geboren
bin, mögen mich Hunde und Katzen sofort, ebenso Kinder und manchmal auch Erwachsene. Ich bin
durchschnittlich groß, relativ sportlich, 1,75 m groß,
habe mittellange braune Haare, sehe durchschnittlich, aber nicht langweilig aus ... vielleicht ein bisschen zigeunerhaft. Ich wirke auch sehr jugendlich.

Der arme *Craigslist*-Leser: Da sucht er nach einer Frau, aber findet nur Hunde und Katzen.

MEIN KOPF IST EIN LABYRINTH, das (meinige)
Leben ist ein Minenfeld. Deshalb wird diejenige gesucht,
die einen chaotischen Träumer (21, BO) dadurch beglei-
tet. Meinereiner steht auf Musik zwischen dunklen wavi-
gen Klängen bis zum Elektronischen (Krach) in Tanzgrotten
und Konzerten. Gerne und häufig bin ich in Kneipen und
Kinos oder anderswo mit Freunden unterwegs. Außerdem:
Lesen, Kunst & Kultur, Natur, Ruinen etc. etc. Falls du
auch neue Bekanntschaft suchst oder mehr (heute schreiben, morgen kennen, übermorgen ???), dann tu dir keinen
Zwang an, geantwortet wird sicher. Fotos, Zeichnungen
oder Statuen wären nett.

Uff, eine Statue von mir habe ich gerade nicht parat. Die steht
im Louvre.

»Einer wird kommen, der wird mich begehren.«
Sie sind Widder, Waage, Zwill., Schütze, Wasserm.?
S., Schlank, NR, ca. Mi. 40, elegant, gutsit. o. Anh.?
Es erwartet Sie: Dr., 183, gut auss., leidensch.,
domin., f. gemeins. Zuk. Nur Bildz. u. AS123456.

Diese Leserin der *Süddeutschen Zeitung* weiß genau, wer zu ihr
passt: Bitte keine Erd- und Wasserzeichen.

Das Mondlicht zerschneidet die Nacht. Kaltes Nass
tropft wie Blut auf kalte Gräber, trommelt auf den Stein
– Erinnerung an längst vergangene Zeiten. Das Christen-
Kreuz raubt mir ...

– Erinnerung an längst vergangene Zeiten. Das Christen-Kreuz raubt mir das Mondlicht, langsam strecke ich meine Hand aus. Sand und Gras kleben an ihr. Ich ergreife das Kreuz und werfe es in die Dunkelheit ... Ich (m/19) stehe auf Gothic, EBM, Neoklassizismus, Schwarz, Erotik u.a. Wenn du, bizarr oder »normal«, deine Erfüllung nicht in Brieffreundschaften oder Selbstmitleid suchst, schreibe mir, und lass uns die Vorzüge der Zweisamkeit genießen. Beantworte jede (Bild-)Zuschrift.

Kommt ein Kreuzlein geflogen ...

SCHÖPFST DU MIT MIR AUS DER KISTE?
Hast du Lust auf ein einfaches und trotzdem reiches Leben? Ich bin im Besitz einer wundervollen Schatzkiste, die ich gerne mit dir und für dich öffnen will, mit dir teilen und mit dir wachsen lassen möchte. Es ist eine Kiste fürs Leben. Ihr Inhalt ist verblüffend, heilsam, verbindend, tiefgehend und stets erweiterbar. Ich, 1,72 cm, 38 Jahre, mit Kind (5), bin eine starke Frau mit Schwächen – unabhängig, natürlich und zuverlässig. Region: Nordbaden/Pfalz.

Ene, meine, miste, es rappelt in der Kiste. Muss wohl der Schatz dieser wundervollen Frau in der Kontaktbörse von www.naturkost.de sein, der dringend wachsen will.

Der Winter naht, doch ich fühle mich jetzt schon schwarz und leer. Was mir fehlt bist vielleicht du? Eine nette schwarze Fee oder kleine Hexe zwischen 17 und 26 Jahren, die auch auf Nachtspaziergänge, Kerzenlicht und schwarze Klamotten steht. Die auch gerne auf Festivals Konzerte und in Discos geht. Wenn du dich jetzt vielleicht angesprochen fühlst, dann trau dich ruhig und schreib. Mit Bild wäre kultig, muss aber nicht.

»Die kleine Hexe« ist doch ein Kinderbuch von Otfried Preußler – doch ist diese Hexe allerdings schon 127 Jahre alt. Nicht so kultig, oder?

Liebe **SIE, WO BIST DU?** ich suche schon seit einiger Zeit eine Frau zum **PFERDESTEHLEN; WER SICH ANGESPROCHEN FÜHLT, SCHREIBT MIR BITTE!** Ich würde mich sehr freuen. Als Jahrgang 1948 fühle ich mich noch sehr jung. ... Ich liebe gute Bücher und Filme und liebe Kinder. **WEIL ICH** in denen die eigentlichen **ENGEL** sehe. Habe **FRÜHER** immer einen **HUND** gehabt und liebe Tiere auch über alles. Bin sehr tolerant und schreibe **LEBEN UND LEBEN LASSEN.** Gesund und munter bin ich als Fahrer mit dem Auto unterwegs und arbeite nebenher noch als Disponent auf der Taxi-**ZENTRALE.** Gern führe ich gute, lange Gespräche, mich interessiert alles, was möglich ist. Bin auch gern religiös, würde aber nie einer Frau etwas aufzwingen, was ich nicht möchte.
Es gäbe noch viel zu schreiben, und das ist auch eine Leidenschaft, das **SCHREIBEN.**
Es grüßt ganz herzlichst **ARMIN.**

Lieber Armin, dass deine Leidenschaft das Schreiben ist, merkt man an deinem großen Stilgefühl und dem gezielten, stilistisch ausgefeilten Einsatz von Großbuchstaben. Ob Armin auch weiß, dass »Pferde stehlen« in den Kontaktanzeigen früherer Zeiten »geheimer Sex« oder »Seitensprung« bedeutete?

LUST AUF HIMMLISCHE LIEBEVOLLE BEGEGNUNG!? Das Schönste für einen Engel auf Erden ist es, von einem anderen Erdenengel berührt zu werden. HerzensMann, 42/165, möchte dir begegnen.

Na ja, lieber Inserent in der Kontaktbörse von www.naturkost.de, im Himmel wäre deine Chance einem echten Engeln zu begegnen, vielleicht größer.

Aber hey, wenn der betreuende Engel dem anderen Engel die Flügel leiht, müssen die beiden bei gemeinsamen Ausflügen auf dem Boden bleiben. Und bis zur Unendlichkeit zu Fuß laufen, das ist ja nun wirklich ein langer Weg.

Schwarz passt immer gut zu schwarz ...

Eine gemeinsame Vorliebe für spirituelle Musik ist doch schon mal was. Allerdings sitzt Oliver Shanti im Moment wegen Kindesmissbrauch im Knast. So spirituell ist er scheinbar doch nicht. Aber das hat ja nichts mit unserem *Quoka*-Inserenten zu tun.

Eigentlich müsste man meinen, dass für einen Magier, Hexer und Parapsychologen so oberflächliche Kriterien wie Aussehen und Alter keine Rolle spielen. Aber unser Okkultist aus der Kontaktbörse von www.Markt.de hat das Irdische wohl noch nicht ganz hinter sich gelassen.

Das Partnerschaftshoroskop des Tages – vielen Dank an diesen Inserenten bei *Craigslist*.

Genau: Die meisterlichen Hexen fliegen direkt auf ihrem Besen bis vor die Tür dieses *Zitty*-Inserenten. Und was heißt bitte »40+++«? 80?

> ***Feminines, erotisches, bezauberndes (rabel, rabel ...) Vampyrwesen*** (18) hat das Getue der exzentrischen Wichtigtuer in schwarzer Tarnkleidung satt und sucht händeringend sensible, bizarre Existenzen, die nicht – weil's eben gruftig ist – mit den Nasen am Boden schleifen und in ihren Sabberverschen à la Kitschpoeten ertrinken, sondern einen ausgeprägten Sinn für Humor besitzen und mit England, Biene Maja, Kunst und erotischer Ästhetik etwas anfangen können. Raus aus den Büschen!!

Ein Vampirwesen, das die Biene Maja mag! So etwas findet man nur in *Zillo!* Obwohl, so unähnlich sind sich die beiden gar nicht: Die eine beißt, die andere sticht. Wenn nur die gelben Streifen auf Majas Tarnkleidung nicht wären!

> **WER BAUT MIT MIR EIN EARTHSHIP** für ein unabhängiges, selbstbestimmtes, harmonisch-romantisches Leben?

Earthship Enterprise, bitte melden. Unbedingt bei www.naturkost.de.

> ***Ich (m) bin ein uralter bissiger Vampir.*** Welche Vampir-Lady will mit mir in einen blutigen Briefkontakt treten? Mein Vampirname ist »Raven«. Bitte keine Kreuz-Träger schreiben. Bräute der Nacht, schreibt mir schnell und blutig. Es lebe die Nacht. Sweet Nightmares an alle Vampire.

Das waren eben noch die guten alten Zeiten, als man diesem *Zillo*-Leser blutige Briefe schreiben konnte! Bei E-Mails geht das irgendwie nicht so gut. Da haftet das Blut nicht!

VERRATEN MIR DIE KARTEN DIE WAHRHEIT?

Hi, hier schreibt Helene, bin 29 Jahre alt, bin leicht spirituell angehaucht. Ich lege mir selbst Tarotkarten, und die haben mir verraten, dass ich in naher Zukunft einen sehr netten Mann kennenlernen werde. WO BIST DU?

Die Karten sind doch echt fies: Da sagen sie der guten Helene, dass sie bald einen sehr netten Mann kennenlernen wird, aber wo sie den findet, verraten sie nicht. Also sucht sie erst mal auf www.Local24.de

REICH UND SCHÖN
SUCHT

Auf diese Anzeigen dürfen sich bitte nur Millionäre und Millionärinnen, Models und andere Superstars melden. Für Normalsterbliche gilt: Wir müssen leider draußen bleiben!

> **WO IST DER CHEFARZT, JURIST, MANAGER ODER UNTERNEHMER MIT NIVEAU?**
> Der gute Liebhaber mit Freude an klassischer Musik und Literatur, gerne Segler, aus dem Grenzgebiet D/CH? Gebildete, charmante, junge Dame (34) mit interessantem Beruf in den Medien, Akademikerin, mit einer Schwäche für den Eidgenossen, freut sich auf Deine Antwort. Zuschriften unter 1234.

Man könnte auch sagen: Wo ist der (am besten Schweizer) Chefarzt, Jurist, Manager oder Unternehmer mit viel Kohle? Liest er die *Süddeutsche Zeitung*?

> **ARISTOKRAT, 39,** sucht eine nette, attraktive, unabhängige Frau – zwischen 28 und 45 – mit einem adäquaten Hintergrund – ohne Standesdünkel und antiquierte Ansichten – vorzugsweise Akademikerin. Sie sollten fest im Leben stehen, Tiere mögen und wissen, was Sie wollen. Attribute wie Herzlichkeit, Ehrlichkeit und Treue sind Ihnen keine Fremdworte. Wenn Sie sich angesprochen fühlen: Zuschriften bitte mit Bild und Telefonnummer an atristokrat38@xyz.de oder ZS1234567.

Auch ein Herr »von« muss erst seine Frau »zu« kennenlernen, bevor er sie ehelicht, und das ist gar nicht so einfach!

> Google doch einmal »**ererbtes Vermögen, Immobilien, Bentley**« – dann findest du mich: das Ergebnis 63 von 275. Im Internet findest du mich in 0,21 Sekunden, im wahren Leben dauert es eine schmerzvolle Ewigkeit. Spar dir Zeit, und schreibe an Chiffre 1234. Meine Mutter sagt, dass du sowieso nicht gut genug für mich bist. Und du hast den typischen Geruch deiner sozialen Herkunft.

Und warum inserierst du dann im *London Review of Books*, wenn doch keine gut genug für dich ist?

> **Gibt es die superreiche Frau** – egal, ob Geschäftsfrau oder Witwe usw. –, die weiß, was sie will??? Wenn ja und sie einen gestanden Mann, 45 J., sucht, der mit ihr durch alles geht und für sie da ist, mit ihr das Leben genießen darf, mit ihr shoppen, kochen, reisen, lachen, weinen, zuhören, arbeiten, genießen, lieben, erleben und vieles, vieles mehr, einfach zu zweit den Rest des Lebens miteinander verbringen. Wenn es diese jung gebliebene Dame gibt und sie das alles auch möchte und durch ihre finanzielle Freiheit das alles ermöglichen könnte, aber bis jetzt alleine machen musste, dann wird es Zeit, dass sie sich meldet. Denn dafür ist das Leben viel zu kostbar, um es nicht zu genießen, also melde dich, ich warte, und wenn du Fragen hast, stell sie, egal welcher Art, ich werde dir offen und ehrlich antworten, da ich ziemlich geradeheraus bin, viel in meinem Leben durchgemacht habe und kein Blatt mehr vor den Mund nehme, egal vor wem!!! Ich hoffe, bis bald.

In einem hat dieser *Quoka*-Inserent recht: Er nimmt wirklich kein Blatt vor den Mund. Er weiß, worauf es ihm bei einer Frau ankommt, und hat keine Probleme, dies auch offen und ehrlich zu sagen.

> Für einen Freund, **Juwelier/Schweizer** mit Geschäften auch auf Mallorca und in Mainz am Rhein, mehrf. **Millionär** mit gehobenem Lebensstil, su. ich eine außergewöhnlich hübsche junge Partnerin, die er verwöhnen kann. ER selbst ist ein sportl. 60ger.M., 1,82 m, **blendend aussehend**, liebt den Auto-Motorsport, fährt **Ferrari** und Oldtimer, Segler, Tennisspieler, Kunst- und Musikfreund, Gourmet. Bitte um Bildzuschriften, garant. zurück unter ZS1234567.

Na klar, für den Freund. Der ist wohl so fein, dass er nicht mal selbst in der *Süddeutschen Zeitung* inseriert. Und warum will ein Mann in den 60ern eine junge Partnerin?

> **Reicher Er gesucht ...**
> Arme männliche Socke, 47 Jahre, klein, dick, hässlich, sucht reichen Ihn, der mich aushält ... Mache alles, was man von mir verlangt. Freue mich über ehrliche Zuschriften.

Warum suchen eigentlich nur immer arme Habenichtse reiche Frauen oder Männer? Noch nie was von »Gleich und gleich gesellt sich gern« gehört? Oder zu viel »Aschenputtel« gelesen?

> ## ARISTOKRATIN GESUCHT
> Junger, attraktiver Graf (33 J., 1,76 m) sucht zwecks Familiengründung die Dame an seiner Seite. Keine Partnervermittlung; sowie nur Zuschriften mit Adelsnachweis und Foto erbeten. Diskretion ist durch den Kodex garantiert.

Aha, es geht also doch! Und wie sieht es mit Adelstiteln aus, die auf eBay gekauft wurden?

> # Wasserfrau gesucht
> Ich bin ein ehemaliges Alphatier, 67/180/76, derweilen jedoch gesittet, domestiziert und geläutert, kein Partylöwe, verw., durchaus anseh- und vorzeigbar, nicht

> ... g... u... r... sesiziert und geläutert, kein
> Partylöwe, verw., durchaus anseh- und vorzeigbar, nicht
> unvermögend, etwas sportlich, jedoch auch an Kunst,
> Musik, Literatur und Natur interessiert und suche im
> Raum M eine schlanke, liebenswerte Mädchenfrau (55-
> 65) für alles, was das Leben an Schönem noch hergibt.
> Eine Seglerin wäre perfekt, ein Boot ist vorhanden. BmB.
> Zuschriften unter 1234567.

Dieser Leser der *Süddeutschen Zeitung* gibt sich ganz bescheiden: »Nicht unvermögend« – so nennt sich wohl auch Onkel
Dagobert, bevor er ein Bad in seinen Talerchen nimmt. Und das
Boot wird auch so ganz nebenbei erwähnt. Hatten wir nicht
schon eine Dame, die sich eine Yacht gewünscht hat? Aber
selber segeln ist ja auch nicht das Wahre ...

Millionär sucht Millionärin

Aus den östlichen Landkreisen von München. Ich bin 45,
170, 90 kg, braune, kurze Haare, graugrüne Augen, bin
humorvoll und herzlich, Treue und Ehrlichkeit stehen an
erster Stelle, christliche Werte und bayerisches Brauch-
tum sind mir wichtig. Zuschriften bmB unter ZS12345.

Mit bayerischen und christlichen Werten kann man anscheinend
leichter Millionär werden als glücklicher Ehemann. Na ja, vielleicht liest ja eine verwandte Millionärsseele die *Süddeutsche
Zeitung*.

> **€ 100.000** werde ich in ein wohltätiges,
> nachhaltiges Projekt (keine Einzelschicksale) ein-
> fließen lassen. Unternehmer 39/179/76, junge dynami-
> sche Erscheinung – trotz Herzensbildung erfolgr.
> Kfm. – su. Partnerin, mit sexy mädchenhafter
> Ausstrahlung und inneren Attributen, um mich mit
> Vorschlägen und Unterstützung hierbei zu beraten.
> Neben dem klaren vordergr. Projektziel soll es eben
> auch Spaß machen, u. wenn sich zwei außergew.

Dieser Inserent aus der *Süddeutschen Zeitung* ist ganz schön schlau. Nicht nur weist er ganz dezent darauf hin, dass er nicht gerade ein armer Schlucker ist. Nein, er sieht sogar voraus, dass er gleich jede Menge Bettelbriefe bekommen wird, und wehrt das geschickt ab.

Warum beschweren sich Männer immer, dass Frauen nicht wissen, was sie wollen? Das kann man von dieser Drachenfrau doch nun wirklich nicht behaupten!

Oje, dieser Leser der *Süddeutschen Zeitung* hat wohl doch noch nicht genug Rosamunde Pilcher gesehen! Da heiraten doch ständig irgendwelche armen, aber unglaublich gutherzigen Frauen in britische Adelsgeschlechter und/oder Landbesitzerfamilien ein!

> *Liebenswerter, sympathischer EDV-Leiter,*
> geschieden, 40/181/74, Akademiker, zärtl., warmherzig,
> seriös, mit Geist, Herz, Charme, sehr gut aussehend, dtsch.
> Staatsangehörigkeit (dtsch. Mutter/asiat. Vater), Gehalt
> 92.000,- DM, Grundbesitz über 700.000,- DM, sucht für
> glückliche Partnerschaft eine hübsche, schlanke, natürliche
> Dame (auch m. Kind). Bildzuschr. erb. unter 1234.

Das erinnert an unsere allererste Kontaktanzeige aller Zeiten:
Genaue Kenntnisse der Vermögensverhältnisse (historisch noch
in DM angegeben) waren also schon immer eine gute Basis für
eine Beziehung.

STELLENMARKT

Eine Frau zum Putzen gesucht? Aber vielleicht geht auch ein bisschen mehr. Manche Inserenten sind geizig und wollen mit nur einer einzigen Anzeige alles finden, das sie brauchen: eine neue Haushaltshilfe und eine Ehefrau zum Beispiel – am besten noch in einer Person.

> **Suche zuverlässige Frau für Wäsche und Bügeln. Vielleicht wird mehr daraus? Mann, 62.**

Ja, zum Beispiel Fensterputzen, Einkaufen, Kochen ... Meine schmutzige Fantasie kennt keine Grenzen.

> **JUNGER BAUER** mit 100 Morgen Landbesitz würde gerne von einer jungen Frau mit einem Traktor hören. Bitte mit Bild vom Traktor.

Diese Anzeige erschien bereits 1977 im *Evesham Admag*. Eines muss man diesem englischen Bauern lassen: Er hat klare Prioritäten.

> *Österreicher, 31 J.*, in Wien lebend, Tabakhändler, eigenes Geschäft, sucht nette, nicht ortsgebundene Lebenskameradin, die ihm auch im Geschäft hilft und gut Kopfrechnen kann.

Na so was: Gibt es in Österreich noch keine Kassencomputer?
Registrierkassen? Taschenrechner?

Junges Hausmädchen gesucht (schlank, rasiert) von
attraktivem Paar (Mitte 40) für leichte, nachrangige Haus-
haltstätigkeiten und frivole, devote Begegnungen. Gegen
Abendgage. abc@xyz.de.

Dieses Paar aus *Zitty* weiß: Das bisschen Haushalt ist doch neben-
sächlich ...

SUCHE ICH VIELLEICHT SIE??

Sie sind eine Frau, die gerne auch privat sehr selbstbewusst bzw.
dominant ist und einem Mann klare Weisungen erteilen möchte? Ich
habe keine sexuellen Interessen. Aber: Egal, ob Fenster geputzt werden
müssen, der Keller aufgeräumt sein sollte ... das Treppenhaus gewischt
werden muss ... die Wäsche gewaschen werden muss ... Einkäufe erledigt werden müssen ... Fahr und Botendienste erledigt werden müssen: Warum soll es nicht ein Mann machen? Als Diener und/oder Butler?
Ich bin mit 56 Jahren schon im Ruhestand, ledig und möchte gerne nach
langen Jahren der aktiven selbstbewussten Tätigkeit meine devote Per-
sönlichkeitsstruktur ausleben dürfen. Dafür ist nun Zeit. Wenn Sie mich
kennenlernen möchten, schreiben Sie mich doch bitte an; dann würde
ich mich vielleicht demnächst bei Ihnen persönlich vorstellen.

Ich weiß nicht, warum meine Freundinnen sich immer beschweren, dass sie keine guten Putzfrauen finden können. Sie suchen
wohl an der falschen Stelle. Kleiner Tipp: Nicht im Stellenmarkt
nachschauen, sondern bei den Kontaktanzeigen, so wie hier bei
den *Gleichklang-Anzeigen*.

FRÜHJAHRSPUTZ ÜBERFÄLLIG? Er, 50 J., steht als
»Diener« zum Frühjahrsputz für Sie, meine Damen (ab 18 J.),
zur Verfügung. Kein Sex, keine finanz. Interessen. Auch als
»Geschenk« für die beste Freundin etc. apcm_2003@xyz.de.

Soso, der Mann aus *Zitty* putzt also nur bei volljährigen Frauen. Ganz klar: Das Kinderzimmer aufzuräumen ist illegal.

ZIEH MIT MIR NACH MARYLAND. ÜBERNEHMEN WIR DEN STAAT MIT UNSEREN IDEEN – M, 39, NEW YORK CITY UND DARÜBER HINAUS

Ich bin ein Immobilienmakler mit Lizenz für Maryland, New York und bald auch Pennsylvania.

Ich habe durch den Niedergang des Immobilienmarktes einen Haufen Geld verloren, ... 2009 musste ich Konkurs anmelden und habe drei Immobilien verloren. Trotzdem bin ich mit allen Tricks dieses Gewerbes vertraut und weiß, wie man gute Kredite bekommt und so zurück ins Spiel kommt. Man kann auf dem Immobilienmarkt so viel Geld verdienen.

Ich suche nach einer jungen unverdorbenen Frau, die ich zu einer erfolgreichen Geschäftsfrau und meiner zukünftigen Ehefrau ausbilden kann. Bitte schicke mir dein Bild, und ich werde dir zeigen, wie du erfolgreicher sein kannst, als du es je zu träumen gewagt hast.

Du musst Ehrgeiz, Tatendrang und Überzeugung mitbringen. Es gibt nichts, das du nicht erreichen kannst, wenn du es nur ganz fest willst. Also schreib mir eine E-Mail und unterhalte dich mit deinem zukünftigen Geschäftspartner, besten Freund, Seelenpartner, Ehemann und alles, was dazwischenliegt. ...

Konkurs, drei Immobilien verloren ... Warum schrillen bei mir hier alle Alarmglocken?

Frau, 61 J., in München. Suche Lebensgefährten ...

... vielleicht mit einer mir verwandten Handwerker- und ein wenig Künstler-Seele...? Denn ich würde sehr gerne mein einfaches, aber gemütliches altes Haus (+ Garten) mit ihm teilen – und nach und nach noch einiges daran verbessern und gestalten. Gemeinsam wäre das schön, doch auch nur das Da-Sein eines Gleichgesinnten würde mir Mut

sein und gestalten. Gemeinsam wäre das schön, doch auch nur das Da-Sein eines Gleichgesinnten würde mir Mut machen. Ich bin klein und zierlich (158/50), bescheiden, bodenständig und verlässlich, empfindsam und wertschätzend, (öko-)logisch denkend und auch etwas chaotisch – und ich stehe schon viel zu lange alleine »meinen Mann« … möchte endlich meinen Kopf an eine starke Schulter lehnen dürfen und freue mich, wenn sich jemand meldet … der liebevoll, warmherzig, mutig und klug ist.

… und handwerkliches Talent hat. Dieses Inserat aus den *Gleichklang-Anzeigen* hätte man auch knapper formulieren können: »Ich möchte gerne mein Haus renovieren, habe aber kein Geld für einen Handwerker. Bin aber bereit, auch anders dafür zu bezahlen: mit ganz viel Liebe …«

HANDWERKLICHE HILFE FÜR FRAUEN. Hallo liebe Frau, versierter Handwerker bietet seine Hilfe an. Bargeldlos – versteht sich. Ich komme aus dem Bereich Hausmeister und arbeite rund um Haus, Wohnung u. Garten. Bringe Gegenstände an die Wand u. Decke, baue Möbel auf, Transport von schweren oder sperrigen Sachen. Einfach mal angeben, was gemacht werden soll – gebe umgehend Antwort.

Und hier haben wir schon den passenden Kandidaten, gefunden auf *Quoka*.

Eilmeldung – Angebot
Mein Angebot: Sie suchen einen versierten Handwerker der vom Keller bis zum Dach jegliche Arbeiten verrichtet. Sie sind etwas knapp bei »Kasse«, würden oder müssen trotzdem eine Reparatur in Auftrag geben?? … dann sind Sie bei mir an der richtigen Adresse. Gerne verrichte ich Ihre Arbeiten uneingeschränkt nach Bedarf ohne Entgelt nur mit einer etwaigen Gegenleistung in Form von etwas »menschlicher Nähe« der Auftraggeberin. Alles weitere gerne per Mail.

Und die Konkurrenz schläft nicht, sondern ist hellwach, ebenfalls bei *Quoka*.

Suche alleinst. Dame, die in einem schönen Landhaus (Taunus) mietfrei bei einem gut aussehenden Rentner, 1,75, schlank, gesund, Autofahrer, wohnen möchte. Biete gute Busverbindung nach Wiesb. Mit Bild an diese Zeitung unter 12/3456.

Kein Stellenmarkt, sondern ein Wohnungsangebot. Und die gute Busverbindung nach Wiesbaden ist doch wirklich ein unschlagbares Argument.

Rheinland – Landwirt gesucht!!!
Suche dringend einen älteren, alleinstehenden Landwirt ab 60, dem ich (Mitte 40) bei der Arbeit helfen darf …

Da hat wohl jemand zu viel »Bauer sucht Frau« geguckt … Also probiert sie's mal bei www.Markt.de.

GAUL SUCHT FLEXIBLE REITERIN
Oller Gaul, in den 40ern, von seiner jetzigen Besitzerin zu selten ausgeführt, sucht weibliche Zweitreiterin, die in ähnlicher Situation ist, für gelegentliche Ausritte, auch mal abseits der üblichen Wege. Bin 1,75 m hoch, Nichtraucher, braune Augen. Lasse mich nur von niveauvollen Damen führen, die nicht bei der ersten Rast absteigen, sondern längerfristig planen. Sie sollte meinen Rücken nicht zu sehr belasten und bis 55 Jahre alt sein.

Auch hier wird nicht vorrangig nach einer Partnerin, sondern eher nach einer Reitbeteiligung gesucht. Dieser Gaul aus der Kontaktbörse von www.Markt.de hat es allerdings schon im Rücken.

Tollkühner Flieger,

47, mit eigener Airline sucht wagemutige Co-Pilotin
für Langstreckenflug, evtl. Vergrößerung der Flotte.
Turbolenzen, »Auf« und »Ab« garantiert, aber keine
Bruchlandung. Zuschr. unt. 1234567.

Verstauen Sie nun Ihr Gepäck im Gepäckfach oder unter dem
Sitz vor Ihnen. Bitte bleiben Sie angeschnallt, bis das Anschnall-
Zeichen erloschen ist. Fragt sich nur, was die »eigene Airline«
dieses Inserenten aus der *Süddeutschen Zeitung* ist? Mein Boot,
mein Haus, mein Auto?

Bildhübsche Frau aus Bielefeld, 47, 162, schlank,
gepflegt, wünscht sich einen wohlhabenden Ehemann.
Gleichzeitig einen Vater für ihre 3 fast erwachsenen
Kinder, die er auch adoptieren sollte. Umzug möglich.

Diese Frau denkt nicht nur an sich, sondern auch an ihre Kinder.
Auch sie sollen ein gutes Auskommen haben. Wirklich eine gute
Mutter!

Netter Bayer, mit Pension auf dem Land, 42/185/
schlank/blond, möchte nicht mehr länger allein durchs
Leben gehen, er wünscht sich eine liebe, hübsche
Frau, nicht zu klein, schlank, die mit ihm in eine ge-
meinsame Zukunft geht, es wäre schön, wenn sie
Marketing-Erfahrung hätte od. aus dem HOFA-
Bereich käme od. sich dafür interessieren würde.
Zuschriften unter ZS123456.

Lieber Bayer, geht deine Pension vielleicht nicht ganz so gut?
Oder warum suchst du sonst in der *Süddeutschen Zeitung* nach
einer Marketing-Agentur und einer Hotelfachfrau?

Ein unmoralisches Angebot? – Nein, aber interessant!

Suche attr. Frau, ca. 40-55 J., als Lebensbegleiterin 2-5 J. zum gemeinsamen Leben und Genießen im Süden Deutschlands in schöner Immob. u. auf Reisen; Hawaii? Vergütung € 30-75.000,- gegen ca. 2 Std. Haushaltsführung/Tag. Sie sollten eine ausgeglichene, gebildete Frau mit Herz sein. Geben und Nehmen sollte Ihnen wie mir gleich wichtig sein, Freundschaft u. gute Kommunikation Ihnen viel bedeuten. Ich bin 69, gelte als attraktiv, interessant, nicht oberflächlich. Grundlage: I take care of you and you take care of me. Ich freue mich auf Ihren Brief mit Foto. ZS123456.

Der Stundensatz ist umwerfend! Aber wieso ist die Lebensbegleitung auf zwei bis fünf Jahre eingeschränkt? Endet das Leben dann, oder wird dann eine neue Dame für die Haushaltsführung eingestellt?

Mein Garten und ich (PLZ 95, runde 50)
sind auf der Suche nach einem Mann für gemeinsames Säen und Ernten, Arbeiten und Genießen.
Ich sehe mich alltagstauglich und sozialromantisch, begeisterungs- und genussfähig und kommunikativ und humorbegabt.
Ich wünsche mir zur Ergänzung einen Mann mit Herz, Hirn und Humor, für den Kommunikation und Wertschätzung in Beziehungen zu Mensch, Tier und Umwelt wichtig sind.
Es könnte spannend, aufregend, bereichernd, beglückend, ... werden, wenn wir uns aufmachen herauszufinden: welche Interessen wir zukünftig teilen könnten, worin wir uns gegenseitig in unserer jeweiligen Einzig- und Andersartigkeit unterstützen könnten und welche Wege wir gemeinsam gehen wollen? ...

Jetzt wissen wir, was sich die Inserentin in der Kontaktbörse bei www.naturkost.de wünscht. Aber der arme Garten kommt gar nicht zu Wort ...

KANNST DU MEIN SEXY SPIELZEUG SEIN? – M, 38, UPPER EAST SIDE

Ich suche nach einer lustigen und sexy Frau, die mir mit meinem Medienunternehmen aushilft. Wenn du sexy, lustig und aufgeschlossen bist, sollte dir dies Spaß machen und sich auszahlen. Die Büroarbeiten sind einfacher Organisationskram in der Medienbranche. Ich suche nach einer aufgeschlossenen Frau, die weiß, wie man dem Arbeitstag etwas erwachsenen Spaß einhaucht. Diese Anzeige steht aus gutem Grund bei den Kontaktanzeigen. Bitte schicke mir ein Bild und ein paar Infos zu dir. Ich suche eine aufgeschlossene und sexy Frau, mit der man Spaß haben kann.

Dieser Inserent aus *Craigslist* ist wenigstens ehrlich. In wie vielen Medienunternehmen geht es genauso zu – nur dass die Stelle als Praktikum ausgeschrieben wird? Und der Inserent sichert sich ab: Nun kann ihn wohl niemand mehr wegen sexueller Belästigung verklagen!

MÖCHTE NOCH VIEL in meinem Leben erreichen und erleben, mit Dir zusammen. Möchte auch mit Deiner Hilfe Englisch lernen. Vielleicht ist Englisch Deine Muttersprache? Und Du kannst ein bisschen Deutsch. Wenn Du zwischen 50-60 Jahre alt bist, groß, fühlst Dich noch relativ jung und möchtest noch in Deinem Leben etwas bewegen: Dann freue ich mich auf Deine E-Mail.

Gute Englischlehrer sind gefragt, vor allem wenn sie auch noch Muttersprachler sein sollen. Die kann man dann ruhig mit einer kleinen Prämie ködern, wie es diese Inserentin bei *Quoka* macht.

HILFST DU MIR IM HAUSHALT?

Nette Frau jeden Alters gesucht, die mir, alleinstehendem, solventem M, in meinem Haushalt des Öfteren mal »zur Hand geht«. Du solltest dabei nicht zu warm angezogen sein, damit du nicht unnötig ins Schwitzen kommst. Die Bezahlung besprechen wir beide bei einer Tasse Kaffee!!!!!

Noch nie hatte eine Tasse Kaffee einen solchen unanständigen Beigeschmack wie bei dieser Anzeige bei *Quoka*. Und die fünf Ausrufezeichen empfindet man schon fast als Drohung.

Nur für Frauen! 53-j. Maler renoviert für Frauen die Wohnung auf Wunsch auch nackt. Nur Materialkosten. Kein GV. Tel. 0123/45678 oder E-Mail an maler@xyz.com.

Ich hoffe nur, unser Maler aus *Zitty* verwendet wasserlösliche Farben. Sonst könnte das Ganze für ihn später sehr schmerzhaft werden. Und wehe, irgendeine Frau behauptet, auf die Größe des Pinsels käme es doch wirklich nicht an!

NETTE, EINFACHE, FREUNDLICHE, EHRLICHE, LEDIGE, KINDERLOSE AUSLÄNDERIN
Für Housekeeping bzw. Altenpflege gesucht. Wohnmöglichkeit vorhanden. Kein Sex. Auch Heirat möglich für einen Daueraufenthalt in Deutschland. Deutschkenntnisse wünschenswert. Ausführliche Bewerbung bitte mit Foto und mit Telefonnummer.

Oh, lieber *Quoka*-Leser, wenn davon die Ausländerbehörde Wind bekommt. Dann bist du deine Haushaltshilfe und Pflegerin schneller wieder los, als du »Scheinehe« sagen kannst.

Raum Niedersachsen. »Er«, 60 J., sucht alleinstehende, einfache Frau oder Mädchen, auch Ausländerin, die zum Wochenendbesuch zu ihm kommt und die ihm auch die Wohnung sauber macht, gern aus

Das ist aber wirklich nett: Sexy ist kein Hindernis. Sonst ist das
nämlich immer genau andersherum: »Sie sind sexy? Igitt, damit
will ich nichts zu tun haben!«

Diese Inserentin aus der *Süddeutschen Zeitung* gibt es wenigstens zu: Sie sucht keinen Mann, sondern einen Angestellten. Und
dann zahlt sie auch noch in Naturalien!

Schwachen: ~~...~~

Betrieben mit: italienischer, asiatischer, indischer Küche, guten alten Cheeseburgern

Programmierbar: ja

Gehaltsvorstellungen: Umarmungen, Küsse. Ab und zu eine selbstgekochte Mahlzeit als Prämie!

Bei Interesse bitte im Laden nachfragen :)

Und hier das Ganze mal anders herum, ebenfalls von *Craigslist*: ein Stellengesuch als Partner. Wobei die Qualifikationen hier ja außerordentlich vorteilhaft für den Job als Partner sind, der Herr ist nämlich programmierbar und macht somit wahrscheinlich alles, wenn man nur die richtigen Knöpfchen drückt. Aber sehr viel muss Frau hier nicht mehr nachjustieren, schließlich besitzt dieser Bewerber schon die Basisqualität aller Basisqualitäten, er kann die Klobrille wieder runterklappen, wow!!

ALLERLEI
GEISTREICHES

»Man sieht nur mit dem Herzen gut. *Das Wesentliche* ist für die Augen unsichtbar.« Die berühmten Worte von Saint-Exupéry schmücken unzählige Kontaktanzeigen. Doch auch zu Shakespeare oder Goethe wird gerne gegriffen, um den anderen zu zeigen, dass man besonders geistreich und gebildet ist. Und manchmal auch unfreiwillig komisch. Beliebt sind auch Anzeigen, die eine Metapher [»Bergsteigerin für gemeinsames Gipfelstürmen gesucht«] bis zum Anschlag ausreizen, dabei aber eigentlich nichts über den Inseraten-ten aussagen. Von allerlei Selbstgereimtem ganz zu schweigen – denn wie wusste schon der Pumuckl: »Was sich reimt, ist gut.«

»Und doch, welch Glück, geliebt zu werden!
Und lieben, Götter, welch ein Glück!«
Ein priv. Universum d. Liebe, Selbstachtung, Autonomie, Bewunderung, gegenseitig. Selbstoffenbarung – Sehnsucht nach Dauer, zu verstehen u. zu respektieren u. uns dennoch zugleich mit dem Prozess d. ständigen Weiterentwicklg. u. unvermeidbarer Veränderungen zu verbünden …
35 J., 1,70 m, eheerf. Ärztin, Raum 7, Glück u. Lebensfreude als natürlich. Geburtsrecht betrachtend, Kinder, Natur u. Beruf, Musik, Ruhe u. Häuslichkeit, liebend, desgleichen Wein, gutes Essen, verqualmte Bierkneipen, Menschen, Licht, Chanel No. 5, Seide, Cashmere, Jeans, T-Shirt, Hesse, Italien – Glauben an die Magie der Liebe.

Die Leserinnen der *ZEIT* sind gebildet, das merkt man: Unsere Frau Doktor bemüht nämlich den ollen Goethe. Gibt aber nur Hesse als ihren Lieblingspoeten namentlich an. Wie unfair Johann Wolfgang gegenüber. Aber der war es ja gewöhnt, schlecht von den Frauen behandelt zu werden!

Die Zeit ist ein geliehenes Pferd ...
Es wird Herbst, Zeit der Ernte. Die Kinder sind flügge und haben ihren eigenen Aufgabenbereich. Ich selber bin seit dem Tode meines Mannes allein in Haus und Garten. Die Abende sind oftmals sehr eintönig. Nie hätte ich früher gedacht, dass es mir einmal so ergehen würde. Noch bin ich kräftig und weitestgehend gesund und möchte mir meinen Lebensabend anders gestalten: Pferde stehlen, Blockhütte bauen, Garten anlegen, ernten. Aber auch noch verreisen. Steckbrief: 70, vollschlank, fin. Unabh. Ich suche einen Mann, mit dem ich durch dick und dünn gehen kann. Chiffre 1234567.

Hm, manchmal gehen Zitate auch in die Hose: »Die Zeit ist ein fliehendes Pferd«, heißt es eigentlich, liebe Leserin der *Süddeutschen Zeitung*. Oder hat das etwas mit dem Mann zum Pferdestehlen zu tun, den du suchst? Und nachher heißt es dann: »Ich hab das Pferd doch gar nicht gestohlen, nur ausgeborgt. Ich bringe es auch ganz bestimmt zurück.«

Romantik, Sensibilität und Toleranz! Das sind gleich drei Dinge auf einmal ... das geht nun wirklich nicht! Doch!! Ich, der »Melitta-Mann« (m/23) such dich, die »Natreen«- oder »Du darfst«-Frau für ein Schwartau-Frühstück, Duplo-Essen oder Ähnliches. (Raum Köln)

Hoffentlich machen meine Werbesprüche eine Frau an, denkt sich dieser *Zillo*-Leser. Na ja: Nichts ist unmöglich! Aber quadratisch, praktisch, gut sollte die Erworbene lieber nicht sein!

SIE, 56 J. – 172 GR., ETWAS MOLLIG, SUCHT IHN

Bei Obi gibt es das nicht, Neckermann macht es nicht möglich, und Tui sagt: Ich hätte es mir nicht verdient?? Bevor ich jetzt weiter bei Ikea die Möglichkeiten entdecke, frag ich bei Toyota, denn die sagten mir: Nichts ist unmöglich, und die Raiffeisenbank hat sich dafür bereit erklärt, mir den Weg frei zu machen. In deiner Haut möchte ich jetzt nicht stecken! Schreibst Du mir, weißt Du nicht, was dich erwartet! Schreibst Du mir nicht, weißt Du nicht, was Du versäumst.

Diese Anzeige aus *Quoka* klingt teilweise wie eine Drohung. Ja, in der Haut desjenigen, der darauf antwortet, möchte ich wirklich nicht stecken!

Schwarz war die Nacht und dunkle Sterne brannten / Durch Wolkenschleier matt und bleich / Die Flur durchstrich das Geisterreich / Als feindlich sich die Parzen abwärtswandten / und zorn'ge Götter mich ins Leben sandten … Ihr Hexen/-er, Vampire und Nachtgespenster, erhöret mein Rufen!

Ludwig Tiecks Gedicht »Melankolie« soll in *Zillo* Hexen, Vampire und Nachtgespenster anlocken und vielleicht auch ein paar Parzen, aber wohlgesinnte. Und nein, Parzen, das ist kein juckender Ausschlag, das sind die Schicksalsgöttinnen in der römischen Mythologie.

»Kraft durchströmte ihre aufrechte Gestalt.
Leise sprach sie das Wort der Macht und senkte die Arme.
Augenblicklich lichteten sich die Nebel und die Barke glitt
lautlos im hellen Sonnenschein.«
Auf der Suche nach Avalon … (w, 21, Raum F – MZ – WI?)

Zu zweit findet man Avalon wahrscheinlich besser. Obwohl: Männer fragen ja nie nach dem Weg …

> **WER MICH HABEN WILL** … muss hartnäckig sein wie ein Landwirt, »denn wer die Wiese düngen will, muss wissen, dass es nicht reicht, einmal durch den Zaun zu pfurzen«. Zuschriften unter 1234567.

Dieser Ausspruch aus einer Anzeige in der *Süddeutschen Zeitung* ist zwar als Zitat gekennzeichnet, doch ein Urheber konnte nicht ermittelt werden. Ich vermute, es handelt sich um eine Kandidatin einer frühen Sendung von »Bauer sucht Frau«.

> **Odysseus auf Irrfahrt 1**, zehn Jahre habe ich in trojanischen Studienkriegen gekämpft und habe mir mein Diplom geholt. Zehn Jahre musste ich für Finanzmittel kämpfen, da der deutsche Staat mir kein allgemeines politisches Wahlrecht, noch nicht mal kommunales, und BAföG zuerkannte. Nun versuche ich seit Jahren auf Irrfahrten zu meiner Frau zu segeln.

> **Odysseus auf Irrfahrt 2**, dabei bin ich von manchen Schönheiten verführt worden. Mit einer habe ich einen Sohn gezeugt. Sie betete dreimal am Tag, verließ nie die Kirche, sodass ich am Ende sie verließ. Als Strafe darf ich meinen Sohn nicht sehen. So bin ich ein Mann, türkischer Abstammung, russischer Humanität, griechischen Geistes und Freidenkertums.

> **Odysseus auf Irrfahrt 3**, so bin ich ein junger Mann, 38, mit einem starken Charakter. Möchte eine junge, schöne und hingebungsvolle Frau kennenlernen. Bin 165 groß, athletisch gebaut. Sie darf ruhig etwas größer als ich sein. Das finde ich erotisch. odysseus@xyz.de.

Und so segelt unser türkisch-russischer Grieche, der sich nicht entscheiden kann, ob er nun Odysseus oder Demokrit ist, durch drei Kontaktanzeigen bei *Zitty*. Und wenn er nicht gestorben ist, sucht er noch immer nach seiner Penelope.

PS: Der Kampf um Finanzmittel wird noch eine Zeit lang weitergehen, lieber Odysseus. Aber immerhin hast du dabei dein ganzes Volk zur Seite!

> **ZÄRTLICHKEITEN SIND DAS LEBENSELIXIER DER SEELE:** »Wie gesichert die Ordnung einer Ehe auch sei, sie hat sich, herausgefordert durch Gedanken an Abenteuer und Freiheit, zu erweisen. Der Reiz von etwas anderem, gedanklich Ungetreuen, will, wenn er sich einstellt, erfahren sein: in traumhafter Wirklichkeit.« M, 48 J, 190, attrakt., sportl., sucht Dich für Abenteuer. abenteuer@xyz.de

Für diesen *Zitty*-Leser diente Arthur Schnitzlers Traumnovelle als literarische Vorlage. Und die hat ja bekanntlich schon Stanley Kubrick zu seinem Film »Eyes Wide Shut« inspiriert – einer Geschichte über sexuelle Obsession. Was dies wohl über unseren Inserenten aussagt?

> ## Mark Darcy sucht Bridget Jones
> 47-Jähriger mit wirklich jugendlicher Erscheinung und ebensolchem Geist, 1,80, Akademiker in anspruchsvoller Position im Wirtschaftsbereich, römisch-katholisch (… lang lebe Papa Benedetto), weltoffen und -kritisch, u.a. musikliebend (spielt selbst und verehrt sehr die Kunst J.S. Bachs), möchte endlich sein Herz verschenken an eine flotte, stil- und temperamentvolle, ungeschiedene, selbstbewusste, kath. Sie.

Mark Darcy und Bridget Jones – das sind Romeo und Julia des 21. Jahrhunderts, wie dieser Leser der *Süddeutschen Zeitung* richtig erkannt hat. Aber ob die wohl so katholisch sind und für den Papst schwärmen, kann man bezweifeln bei zwei Engländern.

> **ICH BIN EIN NIEMAND!** Wer bist du? Noch ein Niemand
> mehr dazu? Schon sind wir ein Paar im Land! Still, sonst
> werden wir verbannt! Wie öde – Irgendwer – zu sein!
> Gemein – dem Frosch gleich – stumpf den eigenen Namen
> auszuschrein - Für den Applaus im Sumpf! E. Dickinson
> alvarodecampos@xyz.de (Niemand: 42J., sucht Niemandin)

Wow, die amerikanische Lyrikerin Emily Dickinson bemüht dieser Niemand aus dem *Tip Berlin*!

> ## Vir magnae virtutis
> nobilis ingeniosusque (50+) a muliere apta quaesitus
> maritum simulandi causa in publico. Stuttgart regio.
> Mailen Sie an: mulier_doc@xyz.de, Zuschriften unter
> ZS123456.

Diese Leserin der *Süddeutschen Zeitung* stellt ihre Bildung zur Schau und sucht auf Lateinisch nach einem sehr tugendhaften, edlen und geistreichen Mann in der Region Stuttgart. Nur wer soll ihr darauf antworten? Der olle Cäsar? Oder ein verstaubter Lateinlehrer?

> ### Von A bis Z
> Achtsam, Blond, Candle-Light-Dinner, Dynamisch,
> Einklang, Fahrrad, Groß (177), Hirn-Herz-Humor,
> Individuell, Jeans, Kochen, Liebevoll, Mutig, Nudeln,
> Orchidee, Pflanzen,
> Qualität, Rosen, Sanjeevini, Texel, Unverbesserlich,
> Vergissmeinnicht, Wandern, Xtralieb, Yoga, Zartbitter.
> Ich (56 J.) freue mich auf mutige Zuschriften.

Toll, diese Inserentin bei der Kontaktbörse auf www.naturkost.de kann sogar das Alphabet! Aber das »S« mit »Sanjeevini« [esoterische Heilung durch Gebete] und das »T« mit »Texel« [entweder das Texel-Schaf oder die holländische Insel Texel] lassen noch ein paar Fragen offen ... Oder ist es eventuell alles zusammen: Hat sie auf Texel für die Genesung eines Texel-Schafes gebetet?

Cocktails haben ja sowieso schon solche schweinischen Namen: Nach einem klassischen »Sex on the beach« kommt man dann bei diesem Inserenten in der *Süddeutschen Zeitung* mit einem süßfruchtigen »Orgasm« auch noch zum Höhepunkt des Abends.

Aber Vorsicht, lieber Zeit-Leser. Nicht dass am Ende »Die zertanzten Schuhe« der Brüder Grimm dabei herauskommen!

Was, bitte schön, liebe Leserin der *Süddeutschen Zeitung*, ist eine zeitgenössische Wanderausstellung? Man hüpft munter von Bett zu Bett?

Dieses Mittel ist besonders wirksam bei einer alleinstehenden Dame mit akutem Mangel an Zuwendung, beinahe chronischer Enthaltsamkeit und dem andauerndem Wunsch nach einer Beziehung. Die Dame sollte wie ich nicht älter als Ende 40 sein. Zusammensetzung: Ein Stück ist 1,81m groß, wiegt knapp 88 kg und wird nur an eine Person ausgegeben, die den Anwendungsgebieten gerecht werden kann. Wirksame Bestandteile: Treue, Humor, Ehrlichkeit, Offenheit, Zärtlichkeit. Dosierung: mindestens einmal täglich anzuwenden. Am wirksamsten ist es, das Medikament in den Arm zu nehmen, bei Bedarf auch mehrmals täglich. Leichte Überdosierung führt zu Glücksgefühlen, extreme Überdosierung zu Hitzewallungen, Kreislaufstörungen und weichen Knien, manchmal auch zu tränenden Augen. Dabei besteht die Gefahr einer lebenslangen Sucht. Nebenwirkungen: Herzklopfen, Schlaflosigkeit, unendliche Sehnsucht. Wechselwirkungen: Die Anwendung von anderen Mitteln führt zu dauerhaftem Verlust der Wirkung des Mittels.

Zu Risiken und Nebenwirkungen befragen Sie diese Kontaktanzeige auf *Quoka*.

REZEPTPFLICHTIG!

Außergewöhnliches Herzelixier, Bauj. 63, sucht heilungsbed. Gegenstück (männl.), 44 –62 Jahre, ab 179 groß, der sich bei einer ordnungsgem. Anwendung vor einer Suchtgefahr nicht scheut und direkt das Original gegen Vorlage eines gült. Rezeptes einreicht. Umkreis HD ,KA, Mhm.

Und noch jemand, der den Gang in die Apotheke nicht scheut und gerne mal zu Medikamenten greift, ebenfalls bei *Quoka*.

Lebensarchitekt gesucht

Von 39-j., vollschlanker Frau mit Spaß an vielen Dingen des Lebens. Suche dich, der gemeinsam mit mir eine Zukunft designen will, um ein tragfähiges Bauwerk zu errichten, das den Stürmen des Lebens standhält. Zuschriften unter ZS123456.

Aber bitte keine Luftschlösser für diese Leserin der *Süddeutschen Zeitung!*

Kleine Ganovin sucht Komplizen für den großen Coup! Geplant sind vorerst schwere Verbrechen wie z. B. gemeinsame Belästigung von Kino-, Kneipen-, Restaurant- und Theaterbesitzern, Lachen, bis sich die Balken biegen, und erhöhter Sauerstoffverbrauch bei gemeinsamen Freizeitaktivitäten. Vielleicht fällt Dir ja noch die eine oder andere noch zu begehende Schandtat ein :-) Aber Vorsicht ... Dir könnte lebenslänglich drohen!
Wenn Du Interesse an einer Gaunerpärchenbildung hast, dann solltest Du mir ausführlich schreiben, warum ich mich für Dich entscheiden sollte. Ach ja ... Du solltest auch bereit sein, mir ein Fahndungsfoto zur Verfügung zu stellen, um in die engere Auswahl zu kommen :-)

Liebe Inserentin in der Kontaktbörse von www.Markt.de, du weißt aber schon, dass es im Knast keine Pärchenzellen gibt, oder?

Herz zu verschenken
Nur in gute Hände, an männl. Selbstabholer zwischen 50 und 60. Das Herz ist 48 und voll funktionstüchtig, allerdings war es in letzter Zeit etwas unterbeschäftigt. Die Verpackung weist dem Alter entsprechende Gebrauchsspuren auf. Nähere Einzelheiten auf Anfrage.

Endlich mal nimmt jemand die Aufrufe zu mehr Organspenden ernst! Aber ob Ärzte bei www.Markt.de nach Herzen suchen?

Second-Hand-Mann mit leichten Gebrauchsspuren sucht Ladenhüter ohne Verfallsdatum. Unter AS1234567.

Blöderweise legt jeder Mann das Verfallsdatum für Frauen individuell fest. Wie lange es wohl bei diesem Leser der *Süddeutschen Zeitung* schon abgelaufen ist?

Kalorienarmes Kochen. Um meinen leidenschaftlichen Kochkünsten nachzukommen, bin ich noch auf der Suche nach folgender schwer erhältlicher, appetitlich angerichteter Zutat: W, schlank, NR, kinderlos, bis 42 und mit der gewissen Würze. Vorhandene Zutat: M, 43, 187, schlank, dunkelhaarig, NR, kinderlos, Job. Gemeinsames Kochlöffelschwingen unter neugierig-auf-mehr@xyz.de, Tel. 0123/456789.

Ob dieser Inserent aus dem Tip Berlin weiß, dass auch kalorienarmes Kochen dick machen kann? In diesem Fall wird allerdings die Zutat zunehmen!

MÄNNLICHE SOCKE, wie handgestrickt mit wuscheliger Vollhaar-Ausstrahlung, sucht kuschelbedürftige Füße zum Wärmen.
46-jährige Socke, noch topfit, gute Qualität, könnte auch tagsüber ohne Schuhe problemlos getragen werden. 190 cm groß, unabhängig, normal-schlanke Figur.
Ruhige, besonnene, nicht im Vordergrund stehen müssende Natur ... sucht EINE feste Lebenspartnerin im Alter zwischen 30 und 50 Jahren, die weiß, wo sie beruflich und privat »steht«, die weiß, wie wichtig gemeinsame Freizeit ist, egal ob zu Hause, in der Natur, auf dem Rad, oder im Theater. ... Umfassende Wärmegarantie bei Gefallen!!!

Iiih, ein Mann, der sich mit einer Socke vergleicht! Warum habe ich da gleich den Geruch vergammelter weißer Tennissocken in der Nase?

Sommer in Orange und allen Farben von Feuer, Wasser, Luft u. Erde möchte ich (58/164/52) erleben u. mich verjahreszeiten mit Dir, einem beherzten Mann mit Selbstwertgefühl. Finde mich. ZS123456.

Verjahreszeiten – ist das was Unanständiges, das man in der *Süddeutschen Zeitung* sonst nicht schreiben kann?

Endlich eine Fee, die mit beiden anmutigen Beinen auf dem Boden der Tatsachen steht! Sie weiß, dass sie erst den Frosch suchen muss, um ihn in einen Prinzen zu verwandeln.

In *Süddeutschen Zeitung* gibt es dann den richtig hässlichen Frosch, die Kröte, und das dann in männlicher Version, der Kröterich. Passt wirklich am besten zur Hexe, nur, was werden dann die Kinder? Warzenschweine?

Und dann erzählt dieser Inserent bei *Markt.de* seiner Biene Maja die Geschichte von den Bienchen und den Blümchen ...

Dieser *Zitty*-Leser ist gleich auf mehrere Arten saukomisch. Und was ist bitte »Sex und Sonstiges«? In diesem Fall vielleicht Kernphysik?

SEILSCHAFT

Gams (31) mit sicherem Auftritt in steilem Gelände und zwei Böckchen am Doppelseil sucht humorvollen wind- und wetterimprägnierten Partner (35–50) mit eigenem Material für zuverlässige Seilschaft, der auch im Alltag Schlüsselstellen in Wechselführung bewältigen kann. carpediem@xyz.de, Zuschriften unter ZS123456.

Dann hoffen wir mal, dass die beiden Leser der *Süddeutschen Zeitung* viele gemeinsame Gipfelstürme erleben!

Leasingangebot. Für einen monatlichen Festbetrag an menschlicher Zuwendung kannst du bei Sympathie von mir das Gleiche mit Rendite zurückbekommen ... Frau sucht etwas ganz Besonderes: nicht wie die »Frankfurter Allgemeine«, sondern jemand, die in diese »Welt« passt. Jemand, die die »Zeit« nicht verschläft, die auch im »Spiegel« eine gute Figur abgibt und von der ich mir jetzt ein »Bild« machen will. ICH, tageslichttauglich, humorvoller witziger, ehrlicher, kumpelhafter Typ, suche für nette Treffen in der Mittagszeit (in der City; gern auch mal sonst Treffen abends), zum Unterhalten, Essengehen, Spazieren, Knutschen, Kuscheln etc. sowie für gemeinsamen Sport (z.B. Squash, Therme oder was uns sonst noch so einfällt *zwinker*). ...

Oh, hier werden ja munter die Metaphern vermischt: erst ein Auto, dann verschiedene Zeitungen und Zeitschriften. Und unsere Inserentin in der Kontaktbörse auf www.Markt.de hat hier einen Aufhänger gewählt, der sich genauso bei etlichen anderen Anzeigen wiederfindet. Das ist echte Originalität!

Hoffentlich verwelkt die Vollerblühte aus der *Süddeutschen Zeitung* so schnell nicht!

Ob diese Herbstzeitlose etwas für unseren Balkongärtner aus der vorigen Anzeige ist? Immerhin inserierte sie auch in der *Süddeutschen Zeitung*!

Ob dieser Inserent in der Kontaktbörse auf www.naturkost.de ein Feuerwehrmann ist, hat er leider nicht verraten.

Dieser Inserent bei *Quoka* will wohl auf Nummer sicher gehen. Aus lauter Angst, dass sich lauter Menschen mit PC-Problemen bei ihm melden, stellt er klar: Ich bin kein Computerfreak, ich schreibe nur wie einer!

> *Sommer, Sonne und nicht nur Grillzeit ...*
> *Mann mit Grill sucht Frau mit Kohle!*
> Er, 56/ 188/ 91, dem Lausbubenalter noch nicht entwichen, mag mehr als nur ein Abenteuer und würde gern die Zukunft mit einer ebenso interessanten Frau/ Dame verbringen. Handwerklich nicht ungeschickt, für Spieleabende tauglich, für Kino und Theater nebst Museen sicher zu gebrauchen. Kann lachen, auch über mich! Freue mich auf ein paar Zeilen mehr und bis dahin eine gute Zeit wünschend.

Oh, eine Frau mit Kohle suchst nicht nur du, lieber Inserent in der Kontaktbörse auf www.Markt.de! Allerdings wollen nur die wenigsten mit dieser Kohle auch grillen ...

> **BOXERSHORT** sucht **STRING** für nächtliches Drunter und Drüber. Bin etwas ungebügelt, aber gut gewaschen, XL, 100% Baumwolle, meistens schwarz, manchmal ein bisschen kleinkariert. Steh auf schicke, feuchte 36er-Slips. Mach Dir keine Sorgen wegen Deiner Trägerin. Mein Besitzer kümmert sich solang um sie. 69_Grad_Waesche@xyz.de.

Erst wirbeln die beiden *Zitty*-Leser gemeinsam in der Waschmaschine umher, dann hängen sie glücklich nebeneinander an der Leine.

> **ANKOMMEN, EINFACH NUR ANKOMMEN ...**
> Ich bin des Seemannsgarns, der Nebelbänke so müde, des ziellosen Navigierens auf vermeintlichen Traumschiffen, Kriegsschiffen oder Versorgungsdampfern. Ich kenne den ruhigen Seegang, die stürmische See, manch gelegte Mine führte zur Havarie, gekentert bin ich nicht. ... Sinnbild-

ruhigen Seegang, die stürmische See, manch gelegte Mine führte zur Havarie, gekentert bin ich nicht. ... Sinnbildlicher Bootsmann, 48 Jahre, 1,93, (zuweilen zynischer) Realist und doch unbeirrbar und unbelehrbar an die Liebe glaubend, kritisch, selbstkritisch, dem seit Jugendtagen Oliver Cromwell näher war als Che Guevara, wertebewusst, ... mag sich noch einmal fallen lassen, ohne fallen gelassen zu werden. Mag wieder Nähe spüren, Halt geben und nehmen. ... Mag für Dich, um Dich kämpfen, Dein letztes Aufgebot in verloren geglaubter Schlacht sein, wenn Du mich brauchst. Mag alt werden mit Dir, mag mir mit Dir dabei Zeit lassen. Mag Dich verstehen, wenn Du mich begreifst. Mag nicht mehr auf Dich warten! cromwells64@xyz.de, ZA 123456.

Wollen wir hoffen, dass dieser Seebär in der *ZEIT* bald einen Heimathafen findet, den er ansteuern kann!

DIE BESTEN LOTSEN SIND AM UFER - SAGT MAN.

Und damit ich nicht weiter auf dem Wasser umherirre, möchte ich einen unverbogenen und stilsicheren männlichen Begleiter finden, der meinen Weg ein bisschen standfester macht. Ich habe zu geben: 32 Jahre weibliche Lebenserfahrung, Witz, Intelligenz, ein schönes Lachen und ein Interesse an den Dingen hinter den Dingen. Der Rest wird noch nicht verraten. Eine Mail samt Bild an franny_glass@xyz.de in die Gegend um Tü/S wäre schön.

Ungelogen: Diese Anzeige stand in derselben Ausgabe der *ZEIT* wie die darüber! Hoffentlich prallen die beiden Irrläufer zusammen – aber ohne Schiffbruch zu erleiden!

Auf dem Weg nach Hause laufe ich immer öfter an verschiedenen ausrangierten Sachen am Straßenrand vorbei, an denen ein nur halb so liebevoller Zettel hängt: ›Zum Mitnehmen!‹ Das erstaunliche dabei ist, dass die meisten Sachen am nächsten Tag nicht mehr dastehen. Ob ich mich

Mitnehmen!‹ Das erstaunliche dabei ist, dass die meisten Sachen am nächsten Tag nicht mehr dastehen. Ob ich mich auch mit einem Zettel ›Zum Mitnehmen!‹ auf die Straße stellen soll? Nun, ausrangiert bin ich nicht, ich möchte auch mitreden, wer mich mitnehmen darf. So bin ich halt hier gelandet: Maschinenschlosser, 1,82 groß, 55 Jahre alt, ich sag es ohne Bausch: Foto gerne im Tausch. Es scheinen viele dasselbe zu suchen. Und doch ist es ein absoluter Glückstreffer, wenn zwei sich finden. Zwei, die immer zueinander stehen, die nichts trennt, die sich vertrauen.

Da könnte unser *Quoka*-Leser auch gleich »Wer will mich?« auf seinen Zettel schreiben! Und am Schluss wird er sogar noch richtig poetisch …

Die drei Koffer …

Ich stehe am Bahnhof und schaue dem ausfahrenden Zug hinterher … Plötzlich höre ich eine Stimme, die mich fragt: »Hast Du deinen Zug verpasst?‹ Ich antworte: »Nein, aber meine Koffer sind in dem Zug.« Die Stimme fragt mich: »Waren denn wichtige Dinge in den Koffern?« – »Ja«, sage ich traurig. – »Und was?«, fragt die Stimme leise. Ich antworte: »Im ersten Koffer waren all meine Ängste, Träume und Hoffnungen.« – … »Mehr nicht?« – »Im zweiten Koffer waren meine Pläne und Wünsche für die Zukunft. … Im dritten Koffer waren all meine Gefühle und meine Liebe!« – »Oh«, höre ich die Stimme sagen, »das tut mir leid für Dich, aber ich hoffe, Du bekommst Deine Koffer zurück.« Dann war die Stimme verschwunden … Jetzt bin ich schon eine ganze Weile auf der Suche nach meinen Koffern, gefunden habe ich sie aber immer noch nicht … Hilfst Du mir (58, 173) beim Suchen????

Kleiner Tipp, liebe Inserentin in der Kontaktbörse auf www.Markt.de, an jedem Bahnhof gibt es ein Fundbüro für verlorene Gepäckstücke.

Das ist wahre Lyrik! Warum veröffentlicht diese Poetin ihre Gedichte bei www.Local24 und nicht bei einem renommierten Verlag?

In der *Süddeutschen Zeitung* wird gedichtet, was das Zeug hält. Papier ist ja bekanntlich geduldig!

Dieser Leser der *Süddeutschen Zeitung* reimt, wie ihm der Schnabel gewachsen ist, auf Bayerisch. Damit sagt er gleichzeitig: Wer nördlich des Weißwurstäquators wohnt, braucht gar nicht erst zu antworten.

Diese verbalen Ergüsse eines Inserenten in der Kontaktbörse auf www.Markt.de reimen sich zwar nicht, sind aber trotzdem sehr ... ähem ... poetisch. Aber was ist bitte ein »Wal der Sehnsüchte«?

Die schönsten Worte (außer natürlich »Ich liebe dich« oder »Sie haben einen Sechser im Lotto«) sind immer noch selbst geschriebene Gedichte, wie hier in der *Süddeutschen Zeitung*.

> **Ich suche 'ne Schützin, mit oder ohne Brille, das ist mein Wille!!** Bodenständiger M, 46, auch schlank und gut gelaunt, wartet auf Antwort jetzt! abc@xyz.de.

Diese Anzeige aus *Zitty* sprengt gleich alle Kategorien: Sie hätte auch im Astro-/Eso-Kapitel oder bei den ausgefallenen Wünschen stehen können. Aber die Poesie, die in diesem Reim steckt, gab dann doch den Ausschlag.

> *Ich will nicht in der Zeitung stehen, doch möcht ich gerne mit Dir gehen. Bin nicht »etepetete« und brauch keine Knete. Mach selbst 'ne Fete! Liebst Du auch den Moselwein, dann kannst Du gerne mit mir sein. Mit 66 noch nicht leise, gehe immer noch gerne auf die Reise. Bin Frau mit Niveau, interessiert an Kultur und Loriot.* PS: Henri Miller ist kein Killer, Anaïs Nin aber immer! ZA 123456.

Den Nobelpreis für Literatur hat diese Inserentin in der *ZEIT* verdient.

> **SIEBZIG** mit der Zaubersieben, attraktiv und jung geblieben, möchte gern noch einmal wissen, wie es ist, 'nen Mann zu küssen!
> Und weil bekanntlich viele Sachen zusammen viel mehr Freude machen, wie zum Beispiel tanzen gehen oder sich die Welt ansehen, sucht sie sich auf diesem Wege ihre allerletzte Liebe!
> Willst auch Du nicht länger warten, dann verlasse Deinen Garten, nimm die Siebenmeilenstiefel, eil geschwind durch Wald und Wiese, bis Du kommst zum schönsten Ort, der da heißt: Düsseldorf!
> Attraktive Witwe, schlank und blond, sucht auf diesem Wege einen neuen Lebenspartner. Zuschriften bitte mit Foto … ZA 123456.

Liebe Leserin der ZEIT, wir wünschen Dir Zweisamkeit!

Hmm, okay, nicht so super, aber man darf's ja mal auch selbst probieren, oder?

ICH HABE ein großes, liebes Pferd im Stall und möchte es Dir einmal zeigen. Kann man das so schreiben? Hnknnjein, deshalb versuch ich es so: Das Pferd im Stall ist gut im Futter, stolz und glatt wie Butter. Och nee, ich lasse das Pferd jetzt in Frieden denn. Also mein Stall – ach, ich komme doch lieber zum Haus, sonst artet das wieder aus: umgebautes Zweifamilienhaus mit reichlich Platz auf 2 Ebenen. Moment, vermieten will ich nicht: Richtig, ich su. Dich, auf, unter und neben dem Tisch! Na ja, da ist nur das, was meine Putzfrau nicht weggewischt hat, und nicht Du. Und weil Du mich sicher nun für blöde hältst, schreibe ich eine andere Anzeige: Daniel Düsentrieb, 50, hat noch nicht die Frau erfunden, deshalb sucht er hier.

Daniel Düsentrieb sollte lieber auch das Reimen lassen und sich auf eine Kontaktanzeige bei *Quoka* beschränken!

EPILOG:
MENSCHEN, DIE MAN
UNBEDINGT KENNENLERNEN
MÖCHTE

Nach dem Durchforsten von Unmengen von Kontaktanzeigen aus verschiedensten Ländern und Regionen kann ich nun hier die Crème de la Crème d'Amour, das Beste aus hundert und mehr Jahren Einsamkeit präsentieren: die Kontaktanzeigen, bei denen sich niemand mehr wundert, dass der Inserent oder die Inserentin immer noch alleine ist. Aber ob diese Anzeigen daran etwas ändern können?

> **NICHT JEDER,** der hier eine Anzeige aufgibt, ist ein verrückter Transvestit oder Psychopath. Wenn sich bei dir einer meldet, gib mir Bescheid – dann erwürge ich ihn mit meinem BH. Mann, 56

Du kannst gerne auch meinen nehmen, lieber Leser des *London Review of Books*!

> **Hallo**, ich bin eine 21-jährige weiße Frau. Ich bin auf der Suche nach dem Richtigen. Ich bin sehr kontaktfreudig, amüsiere mich und feiere gerne und hänge mit meinen Freunden herum. Manchmal ziehe ich auch durch die Kneipen. ... ICH SUCHE NACH DEM RICHTIGEN MANN FÜR MEIN LEBEN: ER MUSS KON-TAKTFREUDIG SEIN. ER MUSS SICH AUCH GERNE AMÜSIEREN

> KTISCH RICHTIGEN MANN FÜR MEIN LEBEN: ER MUSS KON-
> TAKTFREUDIG SEIN. ER MUSS SICH AUCH GERNE AMÜSIEREN,
> FEIERN UND DURCH DIE KNEIPEN ZIEHEN. ER MUSS ABER AUCH
> AB UND ZU EINMAL EINEN ABEND DAHEIMBLEIBEN, KUSCHELN
> UND EINEN FILM MIT MIR ANSCHAUEN: ICH BIN SEHR LIEBEVOLL,
> UND SO MUSST DU AUCH SEIN: DU MUSST MICH SO MÖGEN, WIE
> ICH BIN; UND NICHT DAFÜR, WAS ICH FÜR DICH TUN KANN ODER
> DU FÜR MICH TUN KANNST. DAS AUSSEHEN IST IN EINER BEZIE-
> HUNG NICHT ALLES; ES KOMMT AUF DIE INNEREN WERTE AN.

Und ICH SCHREIE AUCH FRAUEN GERNE AN – DARAN MUSST DU
DICH GEWÖHNEN, LIEBE *CRAIGSLIST*-INSERENTIN!

> **Teufelchen und Engelchen**. Abgetrennter
> Kopf im Glas, 24, sucht Koboldgöttin, mit der er
> spielen kann, während Rom brennt. Du bringst
> die Marshmallows mit. Nein. Ich mache Witz?
> Du gerne lachen? Ich mag Retourkutschen und
> Geständnisse. Bitte mit Bild von jemand anderem.

Hilfe, wo ist die nächste Klapsmühle?

> *Ich bin ein spuckendes Kätzchen. Ftt-Ftttttttt*.
> Ich bin ein wütender Bär. Grrrrr. Ich bin ein großer
> Wassermelonenkern, der in deiner Nase steckt.
> Zermmmmmm. Ich bin eine kleine bissige Spinne in dei-
> ner Unterwäsche. Jap, jap, jap. Bitte keine Pantomimen.

Schon seitdem dieser Inserent klein war, hat er davon geträumt
etwas Besonderes zu werden ... Andere kleine Kinder wollten
Astronauten, Schauspieler, Tierärzte werden, sein größter
Wunsch aber war es schon immer als Wassermelonenkern in
der Nase seiner Angebetete festzustecken.

> *Erinnerst du dich an den Sommer*, in dem du mit
> deinen Eltern auf Hawaii warst? Du warst stinksauer,
> dass du mitfahren musstest. Dir war stinklangweilig, bis
> du den schönsten Mann aller Zeiten am Strand entdeckt
> hast. Er sah dich an und zog dir mit seinem durchdrin-
> genden Blick den Bikini aus. Einen ganzen Monat hast
> du dam...

genden Blick den Bikini aus. Einen ganzen Monat hast du damit verbracht, dir vorzustellen, wie du in allen möglichen Positionen mit ihm Sex hast. Du hast dir nichts sehnlicher gewünscht, als dass er wieder auftauchen würde, doch das tat er nicht, weil du erst 15 warst und er dafür in den Knast gekommen wäre. Dieser Typ war ich. Und du bist gerade volljährig geworden.

Igitt, was ist das denn für ein Perverser?

Menschenfreundlichkeit ist mein zweiter Vorname. Es ist jedoch nur ein Name, also erwarte nicht, dass du alles umsonst kriegst. Du kannst mich Mr. Wallace nennen. Mein Vorname geht dich nichts an. Bewerbungen unter Chiffre 1234.

Mr. Wallace, ich rate jetzt einfach mal: Ist Ihr Vorname vielleicht Blödmann? Im *London Review of Books* steht er nämlich leider nicht!

Können wir über das Offensichtliche reden? – M, 37, NY

… Ja, wir alle wissen, was ich meine. Ich habe einen Penis. Nun habe ich es also gesagt. Nein, ich habe von diesem Penis keine Fotos und werde auch keine machen. Aber glaubt mir, Leute, in meiner Hose steckt ein Penis. Tag für Tag gehe ich herum und tue so, als würde mein Penis nicht jeden meiner Schritte bestimmen, und ich halte es nicht mehr aus. Ich lasse meinen Penis entscheiden, wo ich mich in der U-Bahn hinsetze. Was ich tagsüber oder nachts tue, wird von meinem Penis bestimmt. Sogar welches Auto ich fahre, beeinflusst er. Und jetzt bin ich hier, bei Craigslist – wie ihr euch sicher denken könnt, nur wegen meinem Penis. Aber nur weil ich zu meiner Peniskeit stehe, schlage ich ihn euch nicht um die Ohren (weder im wörtlichen noch im übertragenen Sinn). Wenn du mir schreibst, sende ich dir kein ekliges Foto von meinem Penis (siehe oben). Wenn wir uns am Telefon unterhalten, wird mein Penis … … … Wenn wir uns durch einen verrückten Zu-

Wenn wir uns am Telefon unterhalten, wie wirst du nicht mitreden. Wenn wir uns durch einen verrückten Zufall auf einen Drink treffen, wird mein Penis fest in meiner Hose bleiben … äh, sagen wir lieber sicher in meiner Hose bleiben. Aber bitte vergiss nicht: Ich habe einen Penis. Was will ich damit eigentlich sagen? Ehrlich gesagt, das weiß ich nicht mehr. Aber ich sage, dass ich eine besondere Frau kennenlernen will, die mir meinen Penis nicht übel nehmen wird (vielleicht kann sie ihn nehmen, aber nun schweife ich ab). Wir können am Anfang einfach nur penislose Dinge miteinander unternehmen. Bier und Scrabble vielleicht? Und wenn wir uns mögen, können wir später vielleicht zu einigen Prä-Penis-Aktivitäten übergehen. Rumknutschen, während wir so tun, als ob wir eine DVD anschauen, zum Beispiel? Und wenn wir einander wirklich sehr, sehr gerne mögen, kann die Penis-Party beginnen. PS: Mein Penis hat gerade gesagt, dass wir Phase eins und zwei überspringen und sofort mit der Party anfangen können, wenn du es unbedingt willst. Scheiße, jetzt habe ich es vermasselt, oder? Ach, ignorier ihn einfach!

Ich verstehe gar nicht, warum manche Frauen meinen, Männer würden nur mit ihrem und an ihren Penis denken. Das ist doch wirklich ein blödes Vorurteil!

WER KANN und möchte mir meinen Wunschtraum erfüllen? Gesucht wird eine Partnerin, bis 40 J., die vor allen Dingen häuslich, aber auch ehrlich, lieb, treu und nicht ortsgebunden ist, mich als Mensch mit all meinen Fehlern akzeptiert und keine Pkw-Forderungen stellt.

Richtig, denn Frauen gehören einfach nicht ans Steuer!

FRAKNOR, DER KRIEGSFÜRST DES PLANETEN ZAMBO, SUCHT GÖTTIN DER VIERTEN DIMENSION, UM MIT IHR GEMEINSAM DEN THRON DER YUGUR-TJA-GALAXIS ZU BESTEIGEN. BITTE NUR ERNST

ZAMBO, SU... ...
UM MIT IHR GEMEINSAM DEN THRON DER YUGUR-
THA-GALAXIS ZU BESTEIGEN. BITTE NUR ERNST
GEMEINTE ZUSCHRIFTEN UNTER CHIFFRE 1234.

Klar, wer würde eine solche Anzeige auch nicht ernst nehmen?

Kleiner Vogel. Hast du genug vom Wassersport? Fühlst du dich von traditionellen dominanten oder unterwürfigen Rollen eingezwängt? Dann probiere es doch einmal mit einer fürsorglicheren Rolle: Füttere mich wie einen jungen Pelikan! Beide Geschlechter willkommen. Ich bringe die rohen Heringe mit, du den großen Schnabel zum Anschnallen. Bitte keine Verrückten.

Haben Sie's gehört? Bitte keine Verrückten – es reicht schon, wenn der Verfasser dieser Anzeige selbst verrückt ist!

Alleinstehender Mann, der auf Kettensägen und Eishockey-Masken steht, sucht gleich gesinnte Frau. Keine Verrückten bitte.

Auch hier wieder: keine Verrückten. Und das, wo der Verfasser dieser Anzeige offensichtlich Jason Vorhees, der Bösewicht aus »Freitag der 13.«, ist. Wer diesen ernsthaft als verrückt bezeichnen würde, hat doch wohl wirklich nicht alle Tassen im Schrank.

FRAU MIT BLÄHUNGEN GESUCHT
Ich suche eine hübsche Frau, die um mich herum oder auf meine Hände oder meinen Schoß furzt. Kein Sex. Schick mir nur ein paar Informationen über dich wie zum Beispiel Größe/Gewicht und ein Bild, falls möglich. Ich bezahle dich auch gerne – sag mir nur, wie viel du willst.

Es gibt nichts, was bei Craiglist nicht gesucht wird. Ich verstehe nur den Wunsch nach einem Bild nicht. Wäre eine Geruchsprobe und ein Ernährungsplan (Bohnen – ja bitte!) hier nicht aussagekräftiger?

> **Arbeitsscheuer, rundlicher, ungeselliger, schlampiger Alkoholiker** mit häufigen Blähungen, hasst Kinder und Haustiere, sucht eine motivierende Lebenspartnerin. Alter egal.

Ein echter Traummann! Und anspruchslos ist er auch noch. Also los: Geben wir ihm einen Tritt in den Allerwertesten.

> **Gerade aus dem Gefängnis entlassen – Mann, 36, Pico Rivera**
> … Habe schon ewig keine Frau mehr gefickt.
> Stehst du auf böse Jungs? Willst du von einem Knacki gefickt werden?
> Dann schreib mir. Nur ernsthafte Zuschriften. Ohne Verpflichtungen und diskret.

Dieser Mann aus *Craigslist* weiß, was sexueller Notstand ist!